本著作受到教育部2013年人文社会科学研究一般项目"语篇互文视角下的演讲修辞性叙事模式研究"（项目编号：13YJAZH115）及合肥师范学院学术著作出版基金资助。

语篇互文视角下的演讲修辞性叙事研究
On Rhetorical Narrative in Public Speech under Discourse Intertextuality

杨家勤◎著

中国出版集团
世界图书出版公司
广州·上海·西安·北京

图书在版编目（CIP）数据

语篇互文视角下的演讲修辞性叙事研究 / 杨家勤著 . — 广州：世界图书出版广东有限公司，2016.3
ISBN 978-7-5192-0981-0

Ⅰ．①语… Ⅱ．①杨… Ⅲ．①演讲－研究 Ⅳ．① H019

中国版本图书馆 CIP 数据核字 (2016) 第 066279 号

语篇互文视角下的演讲修辞性叙事研究

策划编辑	孔令钢
责任编辑	黄　琼
出版发行	世界图书出版广东有限公司
地　　址	广州市新港西路大江冲25号
http://	www.gdst.com.cn
印　　刷	虎彩印艺股份有限公司
规　　格	710mm×1000mm　1/16
印　　张	13
字　　数	197千
版　　次	2016年3月第1版　2017年4月第2次印刷
ISBN	978-7-5192-0981-0/G·2067
定　　价	40.00元

版权所有，翻版必究

序

不知源从何起,时下国内学界热衷于"大众"学科的研究。暂且不论"大众"与"小众"之分是否合理,只想试问一下:难道选了"大众"学科就能提升研究的价值,选了"小众"学科就是"小儿科"吗?其实,殊不知没有"小"又何来"大","大""小"是会互相转化的。研究价值并不是与学科的"大"或"小"挂钩,而是以是否能发现"大"道理为标准,而且往往从研究者不扎堆的"小众"学科中更有发现"大"问题、解决"大"问题的可能性。

以西方修辞学为例,这一古老学科是西方文化和教育的最主要基石之一,其所形成的传统具有无比的生命力,其在古典时期所规定的许多研究内容,至今仍是西方许多学术研究领域的热点,尽管在历史的进程中受到过挑战,甚至被否定,但是更多的是承袭与补充,尤其在话语和知识、交际和效果、语言和经历等组关系方面,这一传统所表现出来的因袭和发展,更是说明了这一门学科为什么应该是当今许多学科,尤其是语言研究学科的理论渊源。

然而,就是这么一门曾经的"大"学科,由于国内研究西方修辞学的人数不多,因此失宠成为了"小众"学科,据国内一位对修辞学颇有研究的教授吐槽,连国家级的社科申报项目指南中都找不到其应有的位置。作为这一学科之下的一个研究方向的演讲学,当然更是不被看好了。几年前,有位海外专门研究演讲的教授曾经对我说过,他很吃惊我们国内居然没有一本专门研究演讲(在国外,演讲学研究是西方修辞学研究的一个主要领域!)的学术期刊,也没有读到关于演讲研究的学术著作。

现在,国内终于有学者从这一曾经的"大众"、此时的"小众"学科中挖出了"大"道理,对西方演讲学做出了开拓性的研究!

合肥师范学院副教授杨家勤博士的论著《语篇互文视角下的演讲修辞性叙事研究》就是这一种性质的研究,从"小众"学科中做出了大文章。

杨家勤博士的论著,其开拓性主要见诸两大方面。

(一)拓宽了西方演讲学研究的视角和内容

从西方古典修辞学来看,修辞学就是研究演讲学。传统的研究目的就是如何使演讲更有说服力。从所收集的资料来看,除了对演讲的觅材取材、布局谋篇、文体风格、演讲技巧和记忆五个阶段,理性、情感和人格三种诉求的研究之外,还有就是对于演讲词作者真伪的考证研究等。西方演讲学研究的目的和内容,尽管在这一学科形成的过程中已经明确提出,但是由于没有引入新的研究视角,所以在理论构建上与其他学科相比出现了滞后的情况。

杨家勤博士的研究,针对当前在对以往非叙事主导型演讲语篇叙事研究中存在实践与理论相脱节的情况,从语篇互文性角度出发,构建了研究以非叙事主导型语篇修辞性叙事理论,为正确区分演讲语篇中语篇叙事与修辞性叙事提供了理论依据,准确地描述了演讲语篇修辞性叙事在叙事功能、组织结构和取材倾向性等方面的独特之处,有效地说明了演讲语篇修辞性叙事的功能和目的,这一研究拓宽了西方演讲学的理论视角和研究内容,为进一步完善西方演讲学做出了开拓性的贡献。

(二)丰富了叙事学理论和研究范畴

从修辞维度系统研究叙事理论并非新课题,这一理论始于 1961 年美国芝加哥大学的 Wayne C.Booth《小说修辞学》(The Rhetoric of Fiction)一书的发表,该书从作者本体角度研究作者、叙述者、人物和读者之间的修辞性关系。继后,1966 年美国理论家 James Phelan 发表了《作为修辞的叙事》(Narratology as Rhetoric)一书,在 Booth 的基础上又有了新的开拓,他所使用的叙事理论强调作者、文本和读者之间的联系。1999 年 Michael Kearns 在《修辞叙事学》(Rhetorical Narrating)中,把修辞方法与叙事学的方法有机结合起来,并以言语行为理论为基础，从语境、基本规约和话语层次研究叙事学，从而又为修辞叙事提供了一种新的研究方向。

但是，现有的修辞叙事论都源于文学研究之需求，以叙事主导型的文学文本为研究对象，主要聚焦于文学叙事，忽略了现实生活中具有重要实用价值的演讲等非叙事主导型语篇中的修辞性叙事研究。虽有一些散见于各种论文关于演讲叙事的研究提到了其例证功能，但却忽视了其语篇和情感功能，对于演讲叙事的谋篇布局也鲜有涉及。

而杨家勤博士的修辞叙事理论，却是以非叙事主导型语篇叙事为研究对象，这一种开拓性的研究立足于修辞学，整合多学科的相关理论，以解读这类以非叙事主导型语篇中的叙事为其目的，其构建的理论或模式是一种用于语篇或话语分析的理论。这一基于修辞学、用于语篇分析的修辞叙事理论，其学术价值及实用意义是非常值得关注的。

总的来说，杨家勤博士的研究聚焦于演讲语篇中的叙事，把它作为一种修辞手段加以研究，创建了非叙事主导型语篇修辞性叙事理论，这在国内尚属首例，是自叙事学借用语言学理论去探讨文学文本之后一次反向回归，是用文学研究方法来研究非文学文本的一次非常有意义的尝试。

这一研究成果，不仅拓宽了叙事学的研究范畴，补充了现有的修辞性叙事理论，使之也适用于对非叙事主导型语篇（或语段）的分析，而且还丰富了演讲学的研究视角和内容，为解读和建构演讲等实用性语篇所包含的叙事语段提供了颇有价值的借鉴。

作为导师，我也体验了杨家勤博士在这一研究过程中经历过的艰辛苦涩，因此也很享受这一研究成果带来的喜悦。借此机会推荐给诸位。

胡曙中

上海外国语大学首批二级教授、博士生导师

摘　　要

演讲叙事是演讲者为了某一特定劝说或论证目的而诉诸于对已发生事情的简要概述。叙事学作为一门学科，源起于拉基米尔·普罗普（Vladimir Propp）、阿尔吉尔达·格雷马斯（Algirdas J. Greimas）、罗兰·巴尔特（Rolland Barters）、茨维坦·托多洛夫（Tzvetan Todorov）及威廉·拉波夫（William Labove）等语言学家们的一个设想，他们试图用结构语言学方法和理论去解读和建构文学叙事模式，为分析文学叙事作品建立一个科学的统一模式。结构语言学视角的叙事研究理论激发了叙事学研究热潮，不同学者从不同学科视角研究叙事作品，各种跨学科叙事学纷纷诞生。涉修辞属性方面，韦恩·布思（Wayne C. Booth）和詹姆斯·费伦（James Phelan）等关注文学叙事技巧和伦理效果；热拉尔·热奈特（Gerard Genette）、西蒙·查特曼（Seymour Chatman）和麦克·卡恩斯（Michael Kearns）等试图融合语言学视角和文学视角的相关理论和方法，在探讨叙事技巧的同时兼顾叙事的伦理效果等。于是，叙事修辞理论的研究正式启动了。遗憾的是，迄今已有叙事修辞理论主要聚焦于文学叙事，忽略了现实生活中具有重要实用价值的演讲等非叙事语篇中的修辞性叙事。

本研究是应当前演讲叙事实践的兴盛与理论研究相脱节的情况而发起的，旨在从修辞功能、形成机制、哲学和语言学理论等维度，尝试建构语篇互文中修辞性叙事的理论框架，进而探究演讲语篇中叙事功能、组织结构和取材倾向性等方面的独特之处。

演讲叙事是指演讲语篇中作为一种修辞性说服论辩手段的叙事，相关研究势必牵涉叙事学、修辞学和演讲学三个领域。鉴于此，本论文秉承本学科惯有的跨学科基质，结合语篇语言学、言语行为理论、修辞情境理论、体裁互文性理论、实用主义哲学和建构主义哲学等相关理论，综合运用历史调查法、归纳演绎法、对比分析法、描述法和阐述等，对极具实用价值的演讲语篇中的修辞性叙事做一系统研究。

本研究拟实现以下几个方面的拓展。

1. 整合和调适已有涉修辞的叙事理论体系

国外目前关于叙事修辞的研究尚存在命名不统一和概念界定不明确等问题。中国叙事修辞学者惯用"修辞性叙事"一词指称所有与修辞有关的叙事理论，无论韦恩·布思的"小说修辞"理论、詹姆斯·费伦的"作为修辞的叙事"，还是麦克·卡恩斯的"修辞叙事学"在国内都被释义为"修辞性叙事"。实际上，三个概念之间存在显著的差异。此外，上述理论皆以偏概全，以文学叙事替代所有的叙事，忽略演讲等非叙事语篇中的修辞性叙事。基于上述观察，本作品将对已有相关理论进行梳理，尝试调整"叙事修辞"理论体系，以容纳非叙事主导型语篇中的修辞性叙事和叙事主导型语篇中的所有涉修辞现象。

2. 建构修辞性叙事理论框架

修辞性叙事是与语篇叙事相对作为一种修辞手段的叙事。修辞性叙事目的不再仅限于传递信息，辅助实现一个非叙事语篇的主旨是其更为重要的功能；其在修辞功能、形成机制和结构模式等方面明显不同于语篇叙事。语篇叙事修辞所追求的是某种社会教育功能，而修辞性叙事功能主要体现在叙事之后效果对其上位语篇主旨的服务方面。为了提高叙事说服效果，修辞性叙事者一般依据实用主义原理，选择与劝说目的一致的真实事件，并根据现实世界的主观可为性和认识互动论等原理把所选事件组织起来。由于受到其上位语篇体裁形式等因素的制约，修辞性叙事的模式可能相对不完整。

3. 探究演讲叙事模式

作为修辞性叙事的一种，由于受到演讲劝服语体和演讲修辞情景等因素的影响，演讲叙事在修辞功能、语篇结构和形成机制等方面显然区别于一般的修辞性叙事。在功能方面，演讲叙事除了有论证说明功能外，还有语篇导向和情感诉诸等功能；在语篇结构方面，演讲叙事在简化事件情节的同时却有意凸显演讲者情感、态度等因素，左右受众情态，控制其选择方向；演讲叙事素材的选择组织和遣词造句等皆遵循目的性、经济性和趋利避害等原则。

本作品关注发生在非叙事性论辩、说明和演讲等互文性语篇中的修辞性叙事，以政治演讲类语篇中的修辞性叙事作为主要素材，对"修辞性叙事"做了较全面的探索，拟实现相关理论的建构，拓宽叙事学研究范畴，并为解读和建构演讲等实用性语篇所包含的互文性叙事语段提供有价值的借鉴和参考。

目 录

第一章 绪 论

引 言 …………………………………………………………… 002

第一节 题解、研究背景、目的和意义 ……………………… 002
一、题解 …………………………………………………… 002
二、研究背景 ……………………………………………… 005
三、研究目的和意义 ……………………………………… 008

第二节 相关研究述评 ………………………………………… 010
一、现代演讲学关于叙事的研究 ………………………… 010
二、修辞学视角的叙事研究 ……………………………… 014
三、叙事学领域涉修辞研究 ……………………………… 017
四、成就与问题 …………………………………………… 019

第三节 研究思路、方法和研究理论架构 …………………… 021
一、研究思路和方法 ……………………………………… 021
二、理论框架 ……………………………………………… 022

第四节 重难点和创新点 ……………………………………… 023
一、重难点 ………………………………………………… 023
二、创新点 ………………………………………………… 024

小 结 …………………………………………………………… 025

第二章 作为修辞的叙事与叙事修辞

第一节 叙事修辞理论的三个阶段和两种观点 ……… 028
一、三个阶段 ……… 029
二、叙事的修辞属性辨析 ……… 031

第二节 叙事修辞领域代表性理论 ……… 035
一、韦恩·布思的小说修辞学 ……… 035
二、热拉尔·热奈特的叙事技巧理论 ……… 040
三、西蒙·查特曼的叙事话语理论 ……… 046
四、戴卫·赫尔曼和其他叙事学者 ……… 051
五、国内叙事修辞理论研究现状概述 ……… 053
六、早期的叙事修辞理论概论 ……… 056

第三节 《作为修辞的叙事》和《修辞叙事学》……… 056
一、《作为修辞的叙事》……… 057
二、《修辞叙事学》……… 062
三、《修辞叙事学》与《作为修辞的叙事》……… 063

第四节 叙事修辞理论体系：整合与调适 ……… 066
一、已有叙事修辞理论成就简评 ……… 066
二、主要问题 ……… 067
三、叙事修辞理论的框架体系 ……… 069

小 结 ……… 071

第三章 修辞性叙事理论建构

第一节 概 念 ……… 074
第二节 修辞性叙事理论的哲学基础 ……… 079
一、修辞学与哲学的历史渊源 ……… 080
二、叙事修辞理论的哲学气质 ……… 082
三、实用主义哲学与修辞性叙事 ……… 083

四、建构主义哲学与修辞性叙事 ……………………………… 087
第三节　修辞性叙事运行的语言学理论基础 …………………… 095
　　一、语篇语言学理论基础 ……………………………………… 095
　　二、修辞性叙事与言语行为理论 ……………………………… 102
第四节　修辞性叙事与其他叙事 ………………………………… 109
　　一、学科叙事：虚构叙事与纪实叙事 ………………………… 110
　　二、跨语篇层次叙事 …………………………………………… 115

小　　结 ……………………………………………………………… 121

第四章　作为修辞的演讲叙事

第一节　演讲与演讲叙事 ………………………………………… 124
　　一、演讲的劝说本质 …………………………………………… 124
　　二、体裁互文性的演讲语篇 …………………………………… 125
　　三、情景修辞性演讲 …………………………………………… 129

第二节　演讲叙事的修辞性功能研究 …………………………… 131
　　一、作为语篇导向的叙事 ……………………………………… 132
　　二、作为佐证的叙事 …………………………………………… 135
　　三、作为情感诉诸的叙事 ……………………………………… 139
　　四、三种功能在演讲语篇中的分布研究 ……………………… 144

第三节　演讲叙事结构模式分析 ………………………………… 145
　　一、叙事结构理论 ……………………………………………… 145
　　二、演讲语篇中的叙事模式 …………………………………… 149
　　三、演讲叙事的结构性缺损 …………………………………… 153
　　四、情节的简化 ………………………………………………… 155

第四节　演讲叙事的取材倾向性特色 …………………………… 161
　　一、米勒的启示 ………………………………………………… 162
　　二、取材倾向性原则 …………………………………………… 162

三、语言选择的倾向性 …………………………………………… 166
　第五节　演讲叙事与修辞性叙事 …………………………………… 169
　小　结 …………………………………………………………………… 171

第五章　总　结
　一、本研究主要内容回顾 ………………………………………………… 174
　二、本研究研究的局限性 ………………………………………………… 178
　三、展望 …………………………………………………………………… 178

参考文献　………………………………………………………………… 180

后　记　…………………………………………………………………… 193

第一章 绪 论

引　　言

作为后经典叙事学的一个分支，叙事修辞学在同历史叙事学、后殖民主义叙事学、语境主义叙事学、女性主义叙事学和认知叙事学等后经典叙事学派的争宠中为自己赢得了一席之地，受到叙事学理论界的广泛关注。

诞生于古希腊朴素民主制下的口头修辞学——演讲学，在经历了中世纪至近代长达一千多年的蛰伏，退化为笔头的书面写作，随着现代民主的建立和不断完善，又渐兴盛。复兴之后的演讲学在继承传统的劝说技巧之外更加注重论辩和说理，并常诉诸于对已发事件的叙述，即演讲叙事。

第一节　题解、研究背景、目的和意义

本节将概述本研究的题旨，交代本研究的主要目的，阐释本研究的理论和实践意义。

一、题　　解

本研究主题为"语篇互文视角下的英语演讲叙事"。

"叙事"作为对发生在过去的真实或虚假事件的陈述，是当前文学界一个备受青睐的关键词。常规模式的叙事理论上是按时间顺序记录一件或多件事情的发展过程。然而，"陈述绝不是一种现成的某种已存在的东西的简单反映和表达，它总是在创造出一种原先没有的东西"（托多洛夫 2001：244）。任何叙事都无法绝对忠实地复制原事件，必然捎带某种情景性修辞意义。无论是其微观的选词遣句还是宏观谋篇布局模式，都将产生一定的言后之效果。詹姆斯·费伦称为"作为修辞的叙事"（Phelan 2002：11）；韦恩·布思称为"作为修辞的小说"（Booth

1961）；麦克·卡恩斯称为"修辞叙事学"（Kearns 1999）。我们发现上述理论均注重阐释文学叙事作品所产生的修辞效果等，可暂借用詹姆斯·费伦的术语"作为修辞的叙事"统称，指叙事者为追求某一特定目的而讲述一个事实上未发生过的故事。上述理论明显区别于本作品的主题，存在于非文学非叙事互文性语篇中"作为一种修辞手段"的叙事，修辞性叙事。

不同于"作为修辞的叙事"，修辞性叙事是指说明、论辩和演讲等非叙事主导型语篇所包含的对一件真实事情的摘要复述，以辅助实现说明、论证和劝说等功能。这样的叙事实质上是一种修辞手段，因为在实现文本整体宗旨的功能方面，修辞性叙事处于一种附属地位，通过协助说明、劝服和论证等间接服务于主语篇。依据古罗马修辞学家昆提利安对修辞手段功能的界定："有助于使我们清晰、有效地与受话者交流"（胡曙中 2004：305），我们认定此类叙事发挥着一种修辞手段的功能，是作为修辞手段的叙事，本作品称为"修辞性叙事"。然而从语篇视角看，此类叙事的互文性特征非常突出。首先，从文本构成成分上来说，这类叙事所占比重小，在文本中处于次要地位；其次，从其内部组织机制来说，不同于"作为一种语篇的叙事"，此类叙事通常是简明摘要性的，完整叙事不是其必要条件，一个小句甚至一个词都可用来履行一个叙事单元的功能，叙事的完整程度和事件要素的抉择取决于其上位语篇的特定需求，体裁形式和意识形态的互文性附属特征均十分明显。据此本作品有必要从语篇互文视角探究演讲叙事的功能、语篇模式及选材方面倾向等。

作为论辩说服文本中一个次语篇，"演讲修辞性叙事"是演讲者为了特定言说目的而诉诸于简要复述发生在过去的一件或多件事情，后文将一律简称为演讲叙事。演讲首要目的是说服，为了有效说服，任何演讲者都必然使用包括叙事在内的多种手段。演讲叙事因其独特的优势而深受瞩目：一方面演讲叙事取自真实事件，因其真实性或看似真实而更易为受众接受；另一方面，演讲者可以通过操纵叙事话语，偷偷地传递其主观意识，左右受众情感和选择，使受众在不知不觉中接受叙事的暗示和说服。

早在古希腊时期，柏拉图就指出演讲"劝说是以现实为前提的"（从莱庭、徐鲁亚 2004：201），对已发生事件的修辞性叙述是"现实"化的重要手段之一。亚里士多德虽然没有提出修辞性叙事这一概念，但其《修辞学》把演讲分为议政、宣德和法学三种，并简要分析了三种演讲语篇中修辞性叙事的表征模式和修辞功能（Kennedy 1991：268-280）。亚里士多德仅把演讲语篇的叙事功能简单地总结为例证，相关理论为我们研究演讲语篇中的修辞性叙事提供直接的理论依据。

严格的时限性是演讲者必须尊重的一个基本原则。现代生活节奏日益加快，听众消受不起长篇大论，如何在有限的时间内提供尽可能多的有利于实现劝说主旨的素材尤为重要。"劝说性和时限性"两大特点必然也显现在演讲叙事模式方面，决定了其在取材、结构等方面必然有别于文学叙事修辞现象。本研究拟题为"语篇互文视角下的演讲修辞性叙事研究"正是基于以上观察，意在以演讲叙事为素材，以叙事的修辞属性为轴，建构修辞性叙事的理论框架及其在演讲语篇里的表征模式。

本研究的主要素材取自古今中外的演讲名篇，对此有必要做以下三点说明：

第一，西方古典修辞学的源头就是演讲技巧。叙事作为演讲技巧之一，其选词组句和篇章建构等皆携有修辞倾向，表征演讲者的目的。在政治演讲叙事中，说服功能取代信息功能，占据主导地位，此类叙事旨在辅助实现某一说服目的，是修辞性叙事中的最典型代表。同时为了能在有限语篇里集中更多精力说服大家接受我们的观点，我们将聚焦于传统意义上的演讲语篇，尤其是政治演讲，而忍痛割舍其他演讲语篇，因为"与其浮泛地面面俱到，不如深入细致地说深说透某一点……"（吴礼权、疏志强 2007：1700）。第二，文学叙事修辞的相关理论是修辞性叙事的理论源头，也是本作品的最重要理论基础。为此，本研究在主要以演讲语篇为例的同时，必然摘取一定量的文学叙事或其他语篇中的叙事，以做比较。第三，所有的人类话语都包含有叙事（Abbott 2007：1），其中演讲论辩均必然诉诸于修辞性叙事，本研究原则上适用于任何语言，但鉴于笔者语言能力，本研究主要取材于英语政治演讲语篇，偶尔兼顾汉语。至于其他语言中的演讲叙事，我们则只能用中译文，特此说明。

二、研究背景

作为一种口头修辞的演讲学起源古希腊民主法庭，是应当时特定民主制度下的社会发展所需而产生的。这一时期的修辞学"还是一门起着规定性作用的学问，目的是教授一种实用的艺术"（胡曙中 2004：429）。随着古希腊和古罗马朴素民主制度的崩溃，在无言论自由的封建社会里，实用修辞技巧因无用武之地而衰落，退变成书面写作的一部分，成为与强调文体风格相关的修饰成分。作为一种口头劝说方式的演讲几近消失。随着现代民主制度的建立和发展，口头演讲又重新兴盛，并活跃于人类社会的各个领域，人们升官、面试、述职等，甚至日常工作中均需要演讲，"当今时代，演讲早已广泛深入到人类社会生活的方方面面，已成为一种群众性大众化的社会实践活动，已成为人民生活及至生命的一部分"（陈建军 2005：22）。

20 世纪 80 年代以来，随着中国政治民主制度建设的加快，越来越宽松的民主政治环境激发了古希腊式演讲实践的兴盛。演讲已成为人们参与社会生活的重要手段，演讲实践的兴盛也呼唤着演讲理论的建设。应这一时代的召唤，国内语言学、修辞学、传播学、公关学、演讲学等领域的学者们纷纷著书立说，从多学科多角度探讨演讲修辞理论。其中胡曙中和刘亚猛两位教授的贡献尤为突出，他们的系列修辞著作《英汉修辞比较研究》《美国新修辞学研究》《现代英语修辞学》《英语语篇语言学研究》《西方新修辞学概论》《追求象征的力量：关于西方修辞思想的思考》和《西方修辞学史》等，率先把西方的古典演讲修辞学理论和美国新修辞系统介绍到中国，为推动中国亚里士多德式演讲修辞的研究立下了汗马功劳。

在以说服为主旨的演讲实践中，叙事被广泛地当作一种修辞手段，同时兼有叙事、论辩和劝服等多种互文性功能。两千多年前，亚里士多德在《修辞学》中颇费笔墨地研究了演讲语篇中叙事特点及功能（Kennedy 1991：268）。"在罗马修辞学家所列出说服话语的七个步骤中，叙事居于第二。"（Robert & Susan 1992：97）演讲叙事的实践价值历来深受演讲者青睐，有经验的演讲者如美国第三十二届总统富兰克林·罗斯福（Franklin D. Roosevelt）、第二次世界大战著名领导者英国首相温斯顿·丘吉尔（Winston Churchill）、法国马里·戴高乐（Marie de Gaulle）将军及美国现任总统奥巴马等著名政治演讲家从来都不排斥叙事，总是千方百计地把叙事的修辞功能发挥到极致。

　　遗憾的是，演讲实践的兴盛及其对叙事的热衷却未曾引起相关领域理论家们的足够关注。笔者 2010 年 6 月 18 日以上海外国语大学的图书馆电子数据资源库为依托，对目前的相关研究进行了调查。首先把"演讲"作为关键词分别打入中国国家图书馆、北京大学图书馆、南京大学图书馆、香港大学图书馆和台湾"国立"大学图书馆的"书目查询"栏中，所得书目数分别是 1 023、371、914、2 174 和 2 284[1]；而当把"演讲叙事"作为关键词再次打入上述图书馆的搜索栏时，发现除了台湾"国立"大学有 1 本、香港大学有 35 本外，其余皆为零。通过进一步查询，笔者查出台湾"国立"大学的是浦安迪著的《中国叙事学》，是一本关于中国文学叙事的著作，里面的"讲演"二字仅出现在出版说明上，说明该书是作者在北京大学授课时的讲演稿。香港大学图书馆所藏 35 本的"主题相关度"均特别低。可见，目前国内主要图书馆馆藏书目中所显示的相关研究情景不十分乐观。为了解这一话题的最新发展情况，2015 年 8 月 1 日笔者再次对相关图书馆查询，结果显示上海外国语大学、南京大学、香港大学和台湾大学的图书馆演讲书籍明显增多，但演讲叙事的作品除增加了笔者 2011 年的博士论文外，没有较大变化。然而中国国家图书馆、北京大学图书馆以"演讲"为关键词，分别搜到了 2 623 和 5 674 个条目，与五年前的数字 1 023、371 相比，增长速度可谓是飞快；以"演讲叙事"为关键词，搜索结果分别为 51 和 689。然而我们进一步手动一个一个条目地查阅，发现关涉传统意义上的演讲语体中叙事不到 10 个例子。但其中石群山 2013 年发表的论文《演讲的叙事学分析》尤为强调"叙事在演讲活动中是占有很重要的地位"（35）。为了解国外的研究状况，笔者又对 EBSCO、JSTOR 和 ProQuest 数据库做了同样的调查，结果相似，三个数据中仅有一篇名为"Words of War: The Persian Gulf Crisis and American Public Discourse"与本主题相关，但主要从叙事角色的结构主义视角观察公共场合的叙事话语，而与传统意义上的演

---

[1] 本调查时间为 2010 年 6 月 18 日。

讲或演讲叙事关系不大。

目前，在所牵涉的演讲学、修辞学和叙事学三大领域，演讲叙事均未得到足够重视。关于演讲类著作的研究多聚焦于演讲技巧、心理情感因素、论辩模式、语篇构建和修辞技巧等，至于其重要组成因素的非论辩文体的修辞性叙事却一直遭遇冷落。叙事作为演讲说服的重要手段之一，是研究演讲技巧和理论之类的书籍无法绕开的坎；但已有相关研究较为零散，多囿于现象性描述，简单地把叙事作为演讲中的可有可无的实例来处理，上升到理论高度、形成理论体系的研究成果不为多见。虽然近年来这一话题已经引起一些学者的关注，如胡蓬（2002）、朱春发（2010）、李蕾（2010）、李德龙（2005）、杨洁与邓志勇（2013）、王曙（2014）和王晓滨（2015）等曾研究了演讲叙事中的互文性、修辞结构、叙事话语和排比等修辞手段。然而，上述研究又仅限于某个人演讲作品或叙事中的某一特征，难以从整体上建构演讲叙事的理论框架。

修辞学和叙事学界的相关研究也均忽视了演讲语篇中的叙事。修辞学界关于演讲的研究主要关注其中的修辞手段、论辩方式和语篇结构等，叙事学界的研究兴趣尚未突破叙事文体的范围。作为跨修辞学与叙事学的叙事修辞理论鲜有超越文学叙事中的修辞策略和效果，自韦恩·布思以来的叙事修辞理论，皆漠视文学语篇以外的叙事。韦恩·布思坦言小说"叙述的修辞在原理上适用于一切讲述的故事"（1987：420），详见本章第二节的相关论述。

事实上，修辞性叙事作为演说论辩的重要说服手段，由于受到特定的互文性语篇语境因素的钳制，如体裁和语篇形式的融合性等，其叙事模式、生成机制和功能发挥机制等，必然不同于叙事主导型语篇，是以文学叙事为素材的叙事修辞理论无法完全解释的。一方面，"演讲叙事"这一话题是跨修辞、叙事和演讲的交叉性研究，牵涉修辞学的篇章原理、修辞手段和效果；叙事学的取材和话语模式及演讲文类的语体风格等。演讲实践中，叙事修辞功能的充分发挥，需要一个兼涉上述三方面理论的指导。另一方面，目前上述相关理论研究各自为阵，已有交叉性研究主要限于两个方面：修辞与叙事的交叉研究而形成的叙事修辞相关理论；演讲与修辞交叉的古典修辞学（详见本章第二节相关论述）。至于演讲与叙事的交叉主要局囿于单个现象或侧面的探讨，跨三者的交叉研究更是鲜有问津。这种理论探索的相对滞后与演讲叙事实践对三个领域的不断跨越形成了鲜明对比，因而亟需相关理论的建设。

三、研究目的和意义

鉴于以文学非真实叙事为素材的叙事修辞理论无法解释演讲语篇中的真实叙事所涉诸多现象，本作品力图矫正当前演讲叙事实践的兴盛与相关理论研究不足的弊端，尝试从语篇互文视角建构修辞性叙事理论框架，努力缩小横亘在演讲叙事和文学叙事修辞理论之间的沟壑，为演讲、说明等实用性语篇中的叙事写作实践提供切实可行的理论依据。围绕这一中心主题，本研究寻求实现以下目的：

首先，本作品将梳理并调适已有叙事修辞理论框架，以同时容纳为叙事学者们所熟悉的作为修辞的叙事、叙事中的修辞手段和作为本研究主题的修辞性叙事；其次，运用修辞学、语言学及哲学等领域的相关理论，探讨修辞性叙事与作为修辞的叙事在语篇建构、修辞功能和哲学基础等方面的异同，建构修辞性叙事理论框架；第三，以修辞性叙事及语篇互文等理论为基础，探讨演讲语篇中修辞性叙事的组织模式、修辞功能和措辞特色等。

本研究立足于演讲修辞性叙事理论的构建，并用以研究现代社会中极具实用价值的演讲叙事话语。演讲修辞性叙事是论辩劝说性演讲语篇中所包含的一种次语篇叙事，常与论辩、描写和说明等非叙事语篇为邻，是演讲者用以说服受众的多种修辞手段之一，具有典型的语篇互文性特征。基于上述观察，本研究立足于演讲修辞性叙事模式。这是自叙事学借用语言学理论去探讨文学文本之后一次反向回归，在理论和实践上皆颇具建设性意义。

理论上，本研究属于理论探索性研究，研究成果将对语言学、演讲学和文学等学科都具有积极的建设性作用，将有助于夯实修辞学和叙事学两个学科的理论体系，拓宽其研究视域。首先，本研究组提出语篇互文性理论，将尝试着把体裁互文性理论（M. M. Bakhtin 1998：198；辛斌 2005）在语篇学领域向前推进一步，并以演讲叙事为主要素材，探讨互文性语境因素对语篇模式建构的制约意义。其次，本研究拟将拓展传统叙事修辞理论体系。目前文学修辞性叙事理论已形成较完备体系，然而遗憾的是，相关理论均以文学叙事为本，忽视了非语篇叙事修辞功能、属性及形成机制等层面。鉴于此，本研究将把文学叙事修辞理论体系做系统整理，并做延伸性思索，构建修辞性叙事理论框架。再次，本研究提出演讲叙事概念，并以语篇互文性和修辞性叙事理论为指导，着力构建演讲修辞性叙事理论框架，以缩小相关理论用文学叙事代指一切叙事所造成的缺憾。

实践上，本研究将聚焦于演讲实践中不可或缺但一直备受理论界冷落的修辞性叙事。本研究成果有助于提高和改善人类的交流实践活动，实践价值意义显著：首先，修辞性叙事主要运用在非叙事性论辩、说明和演讲等语篇中，皆与人类的社会活动、经济交往和日常生活密切相关，是人类重要的生活和交流手段。本研究关注此类作为一种工具性手段的叙事策略和模式，其研究成果将对人们研究和解读相关应用类语体具有十分重要的指导意义。为人类的交流实践活动提供可具操作性指导。其次，本研究将对演讲语篇里的叙事次语篇进行较为详尽的探析。随着现代民主制度的建立和发展，演讲实践活动早已广泛深入到人类社会生活的方方面面，已成为一种群众性大众化的社会实践活动，在人们的升职、面试和述职等活动中不可或缺。本研究将从演讲叙事的功能、叙事结构模式和取材倾向性等方面做具体分析，着力勾勒演讲叙事模式，为撰写和解读演讲叙事提供有益的借鉴。

修辞性叙事主要运用在非叙事性的论辩、说明和演讲等语篇中，皆与人类的社会活动和日常生活密切相关，其事件素材取自于真实事件；与此同时，叙事因其说服的隐蔽性特征，在看似真实客观的事件陈述中偷偷地塞入说服性因素而深受演讲实践者欢迎，因此我们有理由相信本研究极具现实意义。此外，本作品将对政治演讲语篇里的叙事语段进行较为详尽的探析。

总之，本研究成果将对语言学、演讲学和文学等学科都具有积极的建设性作用，将既有助于夯实修辞学和叙事学两个学科的理论体系，拓宽其研究视域，同时又为演讲写作实践提供可参照的理论依据。

第二节　相关研究述评

演讲叙事的合理建构和准确解读需要借助修辞学、演讲学和叙事学三大领域的知识。本节将通过梳理修辞学、演讲学和叙事学三个学科领域所涉叙事的相关研究，尝试描绘有关演讲叙事研究的历史蓝图，探究修辞性叙事的历史和理论渊源，评估相关研究已取得的成果和尚存问题，为本研究奠定基础。

一、现代演讲学关于叙事的研究

以演讲术为源头的古典修辞学在中世纪即与演讲实践分道扬镳。遭遇修辞学抛弃的口头演讲蛰伏了上千年之久，在现代民主体制下重获新生。鉴于古代的演讲学与修辞学重合，本节第二部分将有交代，本小节主要关注现代演讲学视角的叙事研究情况。为了解演讲学领域研究现状，本作品作者把"演讲"作为关键词分别打入上海外国语大学图书馆和中国国家图书馆[1]的馆藏搜索栏，结果如下：从上海外国语大学图书馆共得书目187条，仅3本出版于1981年之前；从中国国家图书馆共得2 623条书目，2005之后出版的占近60%，20世纪80年以前仅33本，其中4本是美国教育学家约翰·杜威20年代的关于教育的讲座，而非严格意义上的演讲。据此可推断，现代意义演讲学研究的兴盛大约始于20世纪80年代。

目前致力于研究"演讲"的著作，除了纯粹的演讲稿外，主要关注"讲授演讲技巧""演讲论辩"与"修辞写作"等主题，多数作品兼涉上述三者，其中对演讲叙事的关注明显不足。我们预测这一现象将随人们对演讲论辩研究的深入而得到显著改观。下文将按主要用途，把上海外国语大学的纸质演讲学著作大体分为通俗类、教学类型和演讲词写作类三种[2]，并分类探讨其中涉叙事研究的概况。

---

[1] 调查时间为2015年8月1日。
[2] 调查时间为2010年6月20—28日。

(一) 通俗类的演讲学著作

通俗类演讲学著作关注演讲者在发表演讲时所使用的各种语言和非语言技巧。亚里士多德虽然把发表演讲所使用的"技巧"作为演讲的五要素之一，然而又因其类似于演戏而鄙视它，昆提利安也是如此（胡曙中 2004：432）。目前仅关注技巧的演讲学著作也不多，一般演讲类著作都既包括发表演讲的手段，也包括论辩手段、演讲语辞和语境等诸方面，但又常局限于简单的现象归纳，理论整理及逻辑论证不够健全，尚留进一步研究的空间。此类著作者多数为公关外交人员、某一领域的成功人士或从事演讲实践的（教学）人员，以经验之谈和实例分析为主。如《演讲红宝书》和《说话的革命》等，其作者分别是德国全球顶级销售及沟通大师海因茨·戈德曼和日本 51 岁始入作家协会的野村正树。此类著作因其面面俱到、语言通俗和实际操作性强而备受一般读者的青睐，颇为畅销。

通俗类演讲学著作，在关注非语言性的演讲手段，包括语气手势、面部表情、语速等的同时，也兼顾演讲开头、结尾所用语词和论辩方式等，并意识到了叙事的作用，如"通过具体易懂的事例进行说明，听者就会很容易地理解和接受"演讲者的意图（野村正树 2004：56）。但因叙事仅作为论证和说明手段之一，这类著作一般仅偶有涉及，且十分简洁。

(二) 教学型演讲学著作

这类著作多为演讲学教学者或专门研究人员所著。相比之下，其学术味较浓，论证逻辑更严密，体系也更健全，包含了更多知识性东西，从演讲的历史、演讲性质功能、分类、组织谋篇到发表演讲技能等。如美国演讲学者詹姆士·伍德的《有效演说》（Wood, *Speaking Effectively*, 1988）、斯蒂芬·卢卡斯的《演讲的艺术》（Lucas, *The Art of Public Speaking*, 2007）、鲁道夫·维尔德伯和凯瑟琳·维尔德伯等著的《有效演讲》（Verderber, *The Challenge of Effective Speaking*, 2000）及麦克·斯伯尔的《演说》（Sproule, *Speech-Making*, 1997）等；中国学者陈建军的《演讲理论与欣赏》（2005）、刘德强的《演讲学》（1993）、李元授和邹昆山的《演讲学》（2003），以及唐涤非的《演讲学简明教程》（2007）。这类著作都对叙事有一定的论述，但所占分量较小，且对演讲叙事的特色及功能探讨不够详细系统。为了更有效地说明上述现象，我们把上海外国语大学图书馆所收藏的 21 本有关演讲学的著作[1]中的叙事情况统计如表 1 所示。

表 1 演讲著作中的叙事

序号 / 搜索序号	页数 / 总页数	叙事特色	叙事功能	以叙事命名的章节
	3/260	叙事的概括性特征	论证	无
2/4	3/269	事例的要求	无	无
3/5	≈13/239	概括性叙事和详细叙事	情感说服功能	4.1 小节标题
4/6	6/232	文体特色	无	8.5 小节标题
5/7	3/451	叙事的真实性和相关性	论证材料	无
6/8	≈2/258	无	举例论证	无
7/9	0/216	无	无	无
8/10	1/399	无	无	无
9/11	9/430	特色	论证	3.3.3 生动典型的事实
10/12	0	无	无	无
11/16	2/343	文体	无	2.7.2 小节标题：叙事型演讲
12/17	≈7/326		论证	材料的选取
13/18	1/312	无	论证	无

两点说明：①本作品用"≈"表明该页并非全部关于叙事。在所调查的中，除了以"叙事"命名的部分，我们把"事实""材料""实例"所涉及有关叙事的陈述也囊括在内。②其中三本（第 2、3、12）是早期用繁体字书写，另有六本是同一作者的不同版本，所以没有列入。

我们的进一步分析揭示了以下几点：首先，所调查的 13 本图书，皆没有开辟专章处理"叙事"这一话题，仅 4 本有一小节以叙事命名，占 23%。其次，叙事成分在整本书里所占份额极小，表 1 中第三项（唐涤非主编的《演讲学简明教

---

[1] 该调查发生在 2013 年 6 月 14 日。

程》）所占比例最大，其叙事的所占比例也仅 5% 多一点，有 3 本甚至整本书没有提到叙事。再次，没明确界定叙事这一概念，叙述、描述、事实等概念混用，界限不十分明确。最后，对演讲中叙事成分特色和功能的探讨不够深入，流于泛泛而谈。涉及叙事特色的论述仅限于叙事文体和简单的分类（或概括或详细），没有顾及其结构、选材等方面特点；功能上仅限于叙事的佐证功能，对其（劝服）情感功能挖掘不够深入，仅有一篇（第三篇）简单描述这一现象："在演讲中，一段清晰、精当的叙述……能恰当地表达演讲者的思想感情，使演讲具有个可撼动的说服力。"（唐涤非 2007：82）

这一观察结果与上文提到的几本英文原著的情况基本相符：

斯蒂芬·卢卡斯的《演讲的艺术》，仅用三页（177-179，在全书 500 页所占比例不到 1%）简要概括叙事作为扩展性例证所具有的吸引读者和论证的功能。鲁道夫·维尔德伯和凯瑟琳·维尔德伯等著的《有效演讲》仅在 117 页和 244 页把叙事作为论据之一的例证来处理。同样麦克·斯伯尔（J. Michael Sproul）的《演说》（*Speech-Making*）关于叙事也仅用两页（334-335）的篇幅，十分简洁。

(三) 演讲词写作类著作

至今尚没有关于演讲词写作的专著，相关论文也不多，我们在中国知网（2015年 8 月 1 日）的"主题"栏输入"演讲"，结果显示共有 52 753 篇；当我们在"并含"项又输入"叙事"时，所得结果仅为 121 篇。进一步分析发现仅 13 篇真正研究演讲语篇中的叙事，除了笔者的 1 篇博士论文和 2 篇期刊论文，另有 12 篇期刊论文和 3 篇硕士论文。其中 4 篇分析了单个演说者演讲词中的叙事特色，分别是李德龙（2005：21-23）关于演讲叙事语言形象性的音声展现的研究、朱春发关于奥巴马演讲的叙事演技（2010：54-56）、秦海花（2010：213-223）关于公共演讲中叙事的虚构性研究，以及杨洁、邓志勇（2013：10-15）关于 2010 年海湾紧急峰会演讲的叙事修辞研究；4 篇关于某一修辞手段在演讲叙事中的运用，如演讲叙事中互文性、修辞结构、叙事话语和排比等修辞手段的研究；其余 3 篇仅是在探讨其他话题略涉演讲叙事。

另有 5 篇关涉演讲的博士论文引起了我们注意：张玉芳（2008）的《演讲话

语象征互动性研究》，对演讲话语多层面互动性象征关系进行了全面的研究，目前已由吉林大学出版社2009出版成书；李晓康（2009）的《态度意义构建世界——布什总统反恐演说的态度意义研究》，以布什的反恐演讲词为素材，从词汇和概念两个层面阐释政治演说辞中的态度意义建构；孙毅（2009）的《隐喻机制的劝谏性功能——一项基于"CCTV"杯英语演讲比赛演讲词的研究》，侧重于隐喻性的劝谏策略；云红（2010）的《西方修辞论辩理论与应用研究》探讨了演讲语篇中论辩模式；我们还从ProQuest学位论文数据库搜到一篇英文博士论文，《公共对话中的公开故事》（Public Stories in Public Dialogue），作者的立足点是从社会学角度探讨公众故事的讲述方式所蕴含的社区文化特色。

叙事虽然作为一种劝说方式在演讲语篇中发挥着论证、情感诱导和语篇导向等重要作用，一直为演讲者自觉实践着，却遭遇演讲学理论界的忽视，现有研究均未给予足够的关注。此外，演讲语篇中的叙事功能发挥机制还牵涉修辞学和叙事学等相关领域，本节第二、三两部分将进一步梳理修辞学和叙事学领域涉这一主题的相关研究。

二、修辞学视角的叙事研究

目前，修辞学界有关叙事的研究主要有亚里士多德式（说服论辩手段）和语体篇章式（叙事语篇）两种。前者把叙事看作为一重要修辞说服手段，后者注重叙事的篇章组织模式研究。

（一）西方修辞学关于叙事的研究

提到修辞学界的叙事理论，不能不提柏拉图发表"把诗人驱逐出城邦"著名论断的《理想国》。"任何诗都是对过去、现在或将来之事件的叙述"（热拉尔·热奈特 2008：6），但柏拉图认为"包括诗歌在内的各种艺术都是'摹仿'或'摹仿艺术'，而作为从事摹仿的人们，即包括诗人在内的艺术家，则都是制作仿制品的摹仿者"（陈中梅 1999：59），因而应被驱逐出城邦。柏拉图对诗人的攻击引发了其学生亚里士多德的反思，从而成就了西方"第一部专业化和系化的有关叙事理论研究的经典"的《诗学》（李志雄 2007：9）。该著阐述了叙事模仿说、叙事情节、喜剧叙事、悲剧叙事和史诗叙事等理论，"成了西方叙事传统中伟大的奠基之作"（麦克·米勒 2002：2）。

在被奉为西方修辞学源头的《修辞学》里，亚里士多德开辟专章（第十六章）详细探讨叙事在宣德、议政和法庭等各种演讲语篇中的形态表征和修辞功用。虽然古典修辞学对演讲叙事的讨论还局限于尝试性的描述，但为现代演讲叙事研究奠定了理论基础。亚里士多德朴素的修辞叙事理论在古罗马修辞学理论中得到进一步发展，西塞罗甚至把对事实的陈述作为演讲的六个重要组成部分之一（《西塞罗全集》 2007：4）[1]。据此可知，自古以来修辞学理论就把叙事作为一个重要议题，纳入其辖域之内。

自中世纪以来，先后受到神学、学科分化和理性化科学思维的冲击，修辞学范围大大缩小，其功能被狭隘化为一种语言装饰，修辞研究多限于装饰性的文体风格，自然很难考虑亚里士多德式的修辞性叙事现象。19世纪末，亚历山大·贝恩在《英语作文和修辞学手册》中把叙事文作为一种语体研究，把"话语分为描写文、叙述文、说明文和劝说文"（胡曙中 1993：99）。肇始于20世纪二三十年代的新修辞学在注重思维性论辩的同时，也开始关注亚里士多德式"叙事"功能，亚当斯（Hazard Adams 1971）、福柯（Paul Ricoeur 1984）等人重新解读了亚里士多德的"摹仿理论"和"情节观"。英国哲学家斯蒂芬·图尔明（Stephen Toulmin）创立的"论辩模式"、美国哲学兼修辞学家肯尼斯·伯克（Kenneth Burke）提出的"同一"和"五位一体"理论等都越来越成为研究演讲劝服的重要手段。上述研究皆关注叙事所发挥的重要论证功能。美国丹佛大学写作教授道格拉斯·D·黑塞在比较亚里士多德的"诗学"理论和"修辞"理论之后，"把叙事作为修辞的第四种模式……叙事不仅是服务于劝说的基本手段，更是一种论辩手段"（Douglas D. Hesse 1992：19-37）。理查德·安德鲁的《叙事、论辩与修辞》探讨了叙事、论辩和修辞之交叉关系。（Richard Andrews 1992：116-128）华尔特·费希尔指出"修辞学不仅仅是话语形式，它也是理论而且提供批评的基础，

---

[1] 西塞罗演讲六个成分：开场白、陈述事实、划分、证明、驳斥和结论。

而这正是叙事理性说的目的"（1998：61）。兴起于20世纪六七十年代的表达修辞学也注重对个人叙事的研究。（Michael G. Moran 2000：xiv）

（二）中国修辞学关于叙事的研究

中国历史上多集权制，没有经历像古希腊那样的朴素民主制度的充分发展时期，春秋战国时的"百家争鸣"也仅限于少数政治精英的表演，没形成全民性的广泛需求。政治集权必然限制了以论辩为基础的口头演讲修辞学的发展，因为"修辞就源于修辞资源，而修辞资源又基于良好的修辞环境，即宽松的政治文化环境、迫切的人际交往需求"（宗廷虎、吴礼全 2008：641）。因此中国修辞学成立标志的《文则》比《修辞学》晚一千多年（胡曙中 1993：85），直到20世纪初，"一直没有形成以修辞学为名的系统性、科学性强的专著"（宗廷虎、吴礼全 2008：94）。

中国古代修辞理论主要限于辞格和文体，但也不乏对叙事的零散研究，隋唐刘知几的《史通》开辟专篇《叙事》谈论叙事中节缩、比拟等辞格。（胡曙中 1993：29）刘知几"强调叙事以简为主，应该'言贵于省文'，'文约而事丰'"；他认为"谬增字数的冗句烦辞是不足道的"（郑子瑜 1984：102）。南宋陈骙在《文则》提出了反对"搜摘古语，撰叙今事"（陈骙 1988：21）的叙事原则。明代谢榛提出了叙事中的层递格，何孟春则在《馀冬叙录》发出了"文章叙事为难，叙事须文简意足，语快而事详，所以难也"的感叹（郑子瑜 1984：349）。

20世纪初，龙伯纯出版了《文字发凡》，把文体分为叙事体、议论体、辞令体和诗赋体，叙事体又包含14小类，并探讨各体的特点。20年代，蔡元培提出了"达意叙事"观（宗廷虎、吴礼权 2008：92）；30年代的陈介白、曹冕、石苇和田仲济等都把叙事文作为一种文体来探讨；40年代的汪曾祺对小说中的叙事语言发表了独到见解。然而"就中国现代修辞学史来看，无论是大陆，还是港澳台，研究修辞学的著作一度较多是讲修辞格"（吴礼权、疏志强 2007：1695）。直到80年代，有关叙事的修辞理论，主要在篇章修辞学类著作中偶有涉及，如郑文贞的《段落的组织》（1985）和《篇章修辞学》（1991）。20世纪末，西方修辞理论的传入，也给中国修辞学界带来一定的影响，宗廷虎、吴礼全认为

"在叙事学引入中国之前,叙述一般在写作学、文章学和文艺学中被论及。它讲究精巧地描述事件和说明故事,而这一属性恰合修辞学的范围。正因如此,现代西方往往把叙事学作为修辞学的下位科学"(2008:572)。关于西方是否把叙事学作为修辞学的下位科学有待商榷,但这与本作品关系不大,此处不再赘述。

除了中国修辞学研究者外,国内目前还活跃一批研究西方修辞学的学者,如胡曙中教授、刘亚猛教授等人。他们都有多年出国留学的经历,为西方修辞学在我国的传播和推动我国修辞学的发展做出了不朽的贡献。胡曙中曾从篇章修辞的角度详细阐释叙事语篇的形成机制,并区分了叙事语篇和说明语篇里的叙事[1](2005:84);刘亚猛把叙事作为事实证据的重要组成部分(2004:76)。另外,山东大学的从莱庭教授介绍了比利时U派学者所提出叙事人称辞格,并进而探讨其实践意义(2007:503-516),中山大学的黄国文教授介绍了威廉·拉波夫的叙事结构模式,并用以分析了广告语篇中的叙事(1998:190-201)。

但是中国修辞学界对叙事的研究整体来还较零散,相关理论主要囿于书面语篇语体的研究,有过于简略之嫌。迄今国内修辞学界没有给叙事下一个明确的定义,出现叙事与"记述"混用的迹象,如王希杰(2004:432-435)笼统地把公文语体和科技语体看作是"记叙的",更没有以"修辞叙事"命名的专著。虽然宗廷虎先生意识到了中西叙事理论的不同(2008:572),邓颖玲2013年也详细论述了非文学叙事,但没做进一步的深入研究。

综上所述,无论是中国还是西方的修辞学界皆观察到了叙事的修辞性功能,意识到了存在于叙事与修辞之间的密切关联性,叙事功能的实现离不开篇章修辞或言语修辞等手段,反过来叙事又可能运用在其他语篇中行使特定的修辞性功能。但相关研究均限于叙事的论证功能,理论体系建构也不够完善。

三、叙事学领域涉修辞研究

叙事学的经典和后经典两大派别的源头分别是欧洲的结构主义语言学和英美文学批评理论。事实上,结构主义叙事理论和英美文学叙事理论又分别与亚里士

---

[1] 胡教授原文用叙述,为了便于本作品前后保持一致,我们就改用叙事。

多德的修辞学体系中的布局谋篇和文体风格一脉相承，前者注重语篇组织模式，后者注重为了特定修辞效果（言后效果）而采用某种特定的叙述方式。在结构主义语言学盛行时，人们把目光聚焦在结构主义理论基地的法国，随着结构主义的没落，英美文学叙事理论才始露头角，领衔叙事学研究领域。

西方经典叙事学理论主要代表者茨维坦·托多洛夫、威廉·拉波夫和热拉尔·热奈特等均是修辞学家。相关的叙事理论主要从篇章修辞的角度观察叙事语篇的构成方式和框架，同时借鉴了费尔迪南·德·索绪尔（Ferdinand de Saussure）的结构纵横理论和亚里士多德的布局谋篇理论，最终目标是要探寻叙事的普适结构。可见，自叙事学理论建构之初，篇章修辞就是其中心议题之一。

以韦恩·布思为代表的叙事修辞理论界更是侧重于叙事的伦理修辞研究。韦恩·布思本人出身于修辞学芝加哥派，其《小说修辞学》被认为是叙事修辞学的开山之作，开创了叙事的伦理修辞研究之先河。韦恩·布思的另一个贡献在于创建了一系列用于分析叙事修辞属性的术语，如隐含作者、代理作者等。韦恩·布思的学生詹姆斯·费伦继承师业，相继出版了叙事修辞理论五部曲，把文学叙事修辞研究推向了又一高峰。

西蒙·查特曼和麦克·卡恩斯的叙事修辞理论值得我们特别的关注。首先，二人都力图融合叙事修辞理论的两大派别，西蒙·查特曼还分别用美学修辞和伦理修辞来指称二者，这种融合也体现在麦克·卡恩斯的《修辞叙事学》中。其次，二位学者皆借鉴了言语行为理论来探讨叙事的修辞效果。西蒙·查特曼甚至还曾涉及叙事、论辩、说明和描写等语篇相互包含的现象，指出叙事可以作为其他语篇的一部分，服务于说明、论证等功能，反之亦然（Chatman 1990：1-21）。但西蒙·查特曼的关注点在如何定性复杂语篇类型，"从跨语篇类型文本中辨认出一组更能显示出一种语篇类型的句子十分关键"（同上 1990：20）。受到西蒙·查特曼的启发，杰拉德·普林斯（Gerald Prince 1992：409-413）也指出说明语篇中的叙事不同于一般语篇性叙事。遗憾的是二人均没有继续深入探讨从属性叙事的各种功能、形成机制和语篇模式等。

此外，华尔特·费希尔（Walt Fisher1998）、华莱士·马丁（Wallace Martin

1990)、戴卫·赫尔曼（David Herman 2002）、H·伯特·阿波特（H.Pcrter Abott 2005），中国的申丹（2005、2015）、唐伟胜（2004、2008）和尚必武（2009、2015）等都曾就叙事修辞的话题发表了自己的独到见解。

叙事学之初始目标是要找出叙事的普遍规律，叙事结构模式是其关注的焦点，个性及语境等制约因素不受重视。然而1961年出版的《小说修辞学》打破了这一尴尬局面，揭开了修辞叙事研究的新篇章，再经西蒙·查特曼、詹姆斯·费伦、麦克·卡恩斯等人的多年努力，逐渐形成较为成熟的理论体系。90年代以来，随着叙事学跨学科发展，更多学者关注了"叙事"与"修辞"的融合。伯克的"五位一体"理论和图尔明的论辩模式虽然立足于论辩，但均把叙事作为其重要的修辞论辩工具。

然而无论是经典还是后经典叙事学，其研究对象皆聚焦于小说或其他按显性叙事原则组织起来的符号活动。已有的研究大多（除西蒙·查特曼、杰拉德·普林斯等偶尔涉及外）未突破叙事文法的藩篱，仍然聚焦于叙事作为一种文体的构建方法，及其在具体语境中所产生的叙事后效果，漠视处于语篇互文性语境中的非语篇性叙事，更不用提演讲叙事。

四、成就与问题

作为一种说服手段，演讲叙事所牵涉的三个领域很早就关注到了"叙事"这一话题。目前相关研究已取得了一定成就，但问题也相当明显。

（一）成　　就

演讲叙事所牵涉的三个领域皆关注到了叙事的修辞属性。古典修辞学和现代演讲学均考察了演讲语篇中的修辞性叙事，对其功能和表征做了一定的描述。现代修辞学把叙事作为一种论证手段，并注重叙事的修辞属性研究。跨叙事学和修辞学的叙事修辞理论对文学叙事的修辞现象做了详尽的探讨，形成了较完备的理论体系。历史上，亚里士多德、西蒙·查特曼和理查德·安德鲁（Richard Andrew）等都曾浅涉了非叙事语篇中的修辞性叙事。相关领域的持续关注说明这一现象值得关注，具有研究价值，意义匪浅。

另外，叙事学界涉修辞研究成果为本研究提供重要的理论基础。虽然演讲叙事是以真实发生过的事件为基础，其机制运行无法照搬以非真实叙事为基础的叙事修辞理论。但已有相关研究揭示了叙事的一般修辞属性和运行原理，为我们研究演讲叙事提供可资借鉴的参照体系,其理论成果为我们的进一步研究提供了理论基础和研究范式指导。另外演讲实践对修辞性叙事的诉诸为本研究提供了充裕的实践基础。

(二) 问 题

演讲语篇中的"叙事"并非客观地陈述过去所发生的事情。演讲者总是依据其修辞目的,利用各种言语手段对所谓的"真实事件",做某种篇章、选材和措辞方面的再加工,使之成为重要的劝说手段,以利于实现演讲劝说目的。目前相关研究对演讲叙事明显用力不足,大多浅尝辄止,理论体系的构建尚不健全。

1. 演讲叙事在所牵涉的演讲学、叙事学和修辞学三个领域均没有受到足够重视

叙事学领域鲜有顾及叙事文本之外的叙事,更不用说演讲叙事。当今主流的叙事修辞理论并非亚里士多德式修辞性叙事,而是亚历山大·贝恩式的叙事文体研究。被誉为叙事修辞史上具有里程碑意义的《小说修辞学》即为一例,全书主要研究小说体裁的修辞问题。其他主要叙事修辞理论研究者如西蒙·查特曼、詹姆斯·费伦、麦克·卡恩斯等人的作品也不例外,对亚里士多德式的修辞性叙事均缺乏足够的关注。

以口头演讲为主要研究对象的古典修辞学,把激发受众的恰当情感、演讲者人格权威和"合理或看似合理的论辩"看作是成功演讲的必备要素,以便诱导受众对一种或然性而非必然性所做出抉择。自亚里士多德之后,有关演讲的研究都对"受众情感"倾注了相当的精力,关注演说者人格、演说技巧、煽情性的语词和身势语等,至于演讲叙事则仅限于零星的现象描述。

现代修辞学和现代演讲学[1]由于受到近现代科学、理性哲学和逻辑学等相关理论的影响,已经普遍意识到叙述"真实事件"能作为一种重要的论据,却忽略了用来讲述事件的叙事话语的说服功能,重其事实性论据功能,而忽视其情感和说服等功能。

---

[1] 古典修辞学与演讲学重合,而现代修辞学主要关注书面语言,现代演讲学关注演讲实践。

可见，古今中外的修辞学领域里的亚里士多德式叙事[1]研究相对零散，体系不全，研究深度远不足以揭示演讲叙事的修辞功能、运行机制和组织模式等。

2. 要准确把握演讲叙事的运行机制，需要跨演讲学、叙事学和修辞学三个领域的交叉性研究视角

目前相关研究仅限于跨演讲学与修辞学和跨修辞学与叙事学的两两交叉性研究。前二者交叉结果产生了古典修辞学，其对演讲中叙事的研究仅限于简单描述；后二者交叉，形成了富有成效的叙事修辞理论体系，但又无一例外地把演讲叙事排除在外。以叙事语篇为对象素材的叙事修辞理论，忽略了语篇内的体裁互文性等问题，看不到"作为修辞的语篇叙事"与"作为修辞手段的叙事"之间的本质性区别，其理论无法解释修辞性叙事的形式机制和运行原理。

至于叙事、修辞和演讲三者之间的交叉性研究尚付阙如，这为我们后续性研究留下了相当宽裕的空间。本作品将站在巨人的肩膀上，以相关研究成果为基础，带着问题继续探索演讲等实用类语篇中的修辞性叙事现象。

第三节 研究思路、方法和研究理论架构

一、研究思路和方法

本作品研究属于理论探索性研究，旨在建构修辞性叙事的理论框架和演讲等语篇中的非语篇性叙事模式。围绕这一主题，本研究主要思路如下：为了分析演讲语篇里的修辞性叙事，我们得了解什么是修辞性叙事，其与传统叙事语篇有什么不同。为此，本作品首先梳理叙事修辞理论的发展历程，针对其中的问题结合演讲叙事实践进行反思，调整已有叙事修辞理论体系，首次提出修辞性叙事概念。其次，运用语篇理论、言语行为理论、修辞理论和哲学理论等，以及分析和对比等方法，尝试构建修辞性叙事的理论框架。再次，通过列举事实、数据统计和演

---

[1] 本作品的亚里士多德式叙事是指其《修辞学》中的作为宣德、议政等的论辩手段叙事，而不是其《诗学》的语篇式叙事。

绎推导等方法来说明演讲叙事的重要性,演讲依赖于叙事,以劝说为目的的演讲语篇中的叙事原则上属于修辞性叙事。在此基础上,本研究将进一步通过例证和细读研析等方法,阐释演讲语篇中叙事的语篇导向、佐证和情感诉诸等功能,及其独特的结构和取材等特色,归纳出演讲叙事的话语模式特点。

本研究将综合运用多种研究方法。本研究主题演讲叙事是作为一种论证说服手段,运用非叙事性语篇中的修辞性叙事,这本身就是一个跨学科主题。本作品将秉承叙事学一贯的跨学科风格,集合演讲学、修辞学和叙事学等学科领域内的相关研究成果,并借鉴修辞学、文学、语言学、哲学和社会学等领域的理论,以政治性演讲语篇为例尝试着把叙事作为一种修辞手段来研究,探析其作为修辞手段所特有的不同于语篇性叙事的属性、机制、功能和模式等。为了有效发挥叙事的修辞效果,叙事者需要依据演讲主旨选择事件素材、依据演讲语体特点遣词择句、依据叙事话语语法和篇章体裁互文性等原理组织语篇。为探究政治演讲语篇里的修辞性叙事功能、取材和结构等方面的独特性,本研究将在热拉尔·热奈特、西蒙·查特曼、韦恩·布思和詹姆斯·费伦等人的叙事修辞理论基础上,借助修辞学、语篇学、言语行为理论和哲学等多学科领域里的理论,综合理论研读、材料分析和演绎推导等研究方法,对修辞性叙事理论进行多视角多纬度探究,探索修辞性叙事理论和演讲叙事理论的框架。

二、理论框架

一般所谓的叙事即语篇性叙事,主要是指按一定时间顺序记录下的真实或虚假事件,其目的是向受众讲述事件的发展过程,叙事信息乃是其焦点。除了此类常规性叙事,人们还经常为了特定目的而叙事,尤其是那些随情应景式叙事。这种为特定目的而做的叙事即詹姆斯·费伦式"作为修辞的叙事"。任何语篇叙事皆有可能携有某种特定目的,为此,作者违背常规的时间顺序,倒叙和插叙等非常规叙事模式屡见不鲜,随之产生了因偏离叙事常规而形成的非常规意义,即修辞意义。然而,这类叙事大多还是谋篇手段的一种,不是我们所说的修辞性叙事。修辞性叙事更多出现在非叙事主导型文本里,服务于非叙事主语篇的修辞目的,事件信息不再是其谋篇焦点。

　　本研究将在已有叙事修辞理论基础上，探究修辞性叙事与文学语篇叙事的异同点，并在演讲语篇里检验和提升修辞性叙事理论，探究演讲叙事的修辞功能、谋篇策略和形成机制等。围绕这上述议题，本作品主要包括以下五章的内容：

　　第一章绪论，主要界定本研究的选题、题旨概念、研究范围，交代本研究立意的依据和意义、建构本研究框架、介绍本作品的研究方法和创新点；通过对修辞学、叙事学及演讲学等几个领域相关文献的梳理，了解涉及本研究枙关领域的研究状况，回答为什么需要进行修辞性叙事研究。第二章将对已有与叙事学领域内的修辞理论进行一种元科学性研究，归纳梳理已有各种涉修辞的叙事理论得失，为热拉尔·热奈特和西蒙·查特曼等的叙事修辞理论辩护，整合和调适已有叙事修辞理论的体系框架。

　　第三、四两章是本作品的重点。第三章首先以文学叙事修辞理论为参照，尝试构建修辞性叙事理论框架，界定"修辞性叙事"概念，探讨其哲学和语言学理论基础，比较修辞性叙事与虚构叙事、纪实叙事、嵌入叙事等相似概念的异同。第四章将探讨演讲语篇里的修辞性叙事特点，包括演讲叙事功能、结构、取材和语言倾向性等特色，力图提供具有较强可操作性的演讲叙事模式理论。第五章为结论部分，总结本研究主要论点，指出其不足之处和有待进一步研究的空间。

第四节　重难点和创新点

一、重难点

　　本作品研究的重难点主要体现在以下几方面：

　　首先，修辞性叙事理论框架：包括核心概念界定、语言学和哲学基础、形成规律和价值实现机制等。通过对比相关和相邻概念，重点揭示语篇互文性语境中的修辞性叙事在谋篇及价值形成机制等方面的独特性。已有的叙事修辞理论主要关注叙事语篇，而忽略论辩和说明等语篇中的修辞性叙事。本研究将通过对比分析语篇性叙事和非叙事主导型语篇中的叙事，重点探索作为语篇的叙事和作为修辞手段的叙事之异同点，揭示修辞性叙事在谋篇、修辞功能和以及哲学价值方面的独特表现。

其次，语篇互文性语境下的演讲修辞性叙事模式：演讲修辞性叙事指论辩劝说性演讲语篇中所包含的叙事次语篇，旨在通过叙事外/后效果服务于非叙事上位语篇。此类互文性语篇功能的发挥需要借助受众对言（叙事）后效果的领悟和接受。据此叙事者在选材、布局谋篇和选词摘句均受制于非叙事性上位语篇的主旨需求，借助受众的认知水平、情态意向和过往经验，通过恰当话语模式操作受众的认知情态向语篇主旨所期望的方向发展。最终将表现在演讲叙事的宏观语篇和微观选词等层面上。

再次，以一系列政治性演讲语篇为素材，结合修辞情景、体裁互文性等理论，采用资料分析、演绎与推导相结合的模式，探讨演讲叙事语篇中的话语权威建构、解读和评估模式。

二、创 新 点

本研究中心议题包括叙事修辞、修辞性叙事和演讲叙事，最终目标是要探究演讲叙事模式，为演讲叙事的建构和解读实践提供导向性建议。创新点主要体现在以下几个方面的突破：

首先，通过对已有叙事修辞理论展开一种元科学式的梳理，提出了实用叙事修辞框架体系，以容纳叙事学界现有的"作为修辞的叙事""修辞性叙事"和"叙事"中的修辞手段等理论。

为此，本研究组首先将对已有叙事修辞理论展开一种元科学式的梳理，调适了已有涉修辞的叙事理论体系框架，以容纳目前叙事学界所有相关理论及本研究中心议题：作为一种修辞手段演讲叙事。我们的前期文献阅读发现无论是韦恩·布思的"小说修辞学"、詹姆斯·费伦的"作为修辞的叙事"、麦克·卡恩斯的"修辞叙事学"，还是热拉尔·热奈特叙事层次理论、西蒙·查特曼的"美学修辞"等均主要囿于文学叙事，显然忽视了非叙事主导型语篇中的互文修辞性叙事。据此，本研究组提出叙事修辞理论的概念，以涵盖传统叙事修辞理论中的伦理修辞和演讲语篇中作为一种修辞手段的互文性叙事。

其次，本研究力图矫正传统叙事学界以文学叙事修辞理论指代一切叙事的歧途，提出修辞性叙事概念，并尝试构建其理论框架，用于分析非叙事主导型语篇中的互文性叙事模式。此类叙事仅是一种修辞手段，为实现其与互文性上位语篇在形式和意识方面成功融合，修辞性叙事的取材谋篇和遣词造句等均有可能偏离传统的叙事模式理论。

最后，建构演讲叙事模式框架。提出演讲修辞性叙事概念，尝试构建其理论框架，用于分析非叙事主导型语篇里的叙事策略。从语篇互文的视角探讨叙事在演讲词中的地位、功能、语篇和选材等方面特征，建构演讲叙事理论框架、演讲叙事的选材摘句、谋篇布局和修辞权威模式。叙事作为一种附属的互文性语篇，受到了其所从属的演讲劝说语篇体裁的互文性制约，必然表现出不同于一般叙事语篇的独特属性。第四章将从演讲叙事的功能、叙事结构模式和取材倾句性等方面做具体分析，着力于勾勒演讲叙事模式，为撰写和解读演讲叙事提供有益的借鉴，为促进人类的交流而努力。

小　　结

本章为绪论，我们主要从论文选题、研究方法和理论框架点等几个方面，明确本作品的选题依据、研究基本思路、研究方法、研究重点、范围和创新点等内容。

第二章　作为修辞的叙事与叙事修辞

不学习修辞的人将会成为修辞的牺牲品。

———— 从莱庭

韦恩·布思的成名作《小说修辞学》开辟了叙事学研究史的新篇章。该著聚焦于小说作者"同读者进行交流的艺术"（1987：1），打破了当时叙事学界结构主义一统天下的格局，正式启动了叙事学界关于叙事的修辞属性和叙事之后效果的讨论。自此至今，众多叙事学者如热拉尔·热奈特、西蒙·查特曼、杰拉德·普林斯、戴卫·赫尔曼、麦克·卡恩斯和申丹等先后都曾聚焦于叙事修辞这一话题。迄今为止，对叙事修辞现象进行最全面系统的探讨当属芝加哥学派后起之秀、韦恩·布思的学生詹姆斯·费伦。詹姆斯·费伦自80年代初至今出版了五部关于叙事修辞的专著，并发表大量相关论文，尤其是1996年出版的《作为修辞的叙事》，详细地阐述了"作为修辞的叙事"理论体系，把涉叙事修辞理论的相关研究推向了一个新的高潮。该书的中译本2002年由北京大学出版社出版，在我国的叙事学界一石激起了千层浪，国内一些著名学者们如申丹、唐伟胜、尚必武[1]等纷纷作文，或继续拓展叙事修辞理论，或用这一理论去分析解读各种叙事作品。然而，目前国内外的相关研究现状并非尽如人意，尚存概念界定混乱、以偏概全等问题，本章第四节第二部分将加以详细论证说明。

本章将尝试对相关的叙事修辞理论做一些延伸性思考，调适现有叙事修辞理论框架，以更好挖掘和发挥这一理论的实用价值，提高其现实可操作性。

第一节 叙事修辞理论的三个阶段和两种观点

一般认为叙事修辞理论萌芽于20世纪40年代斯蒂芬·克莱恩（Stephen Crane）有关叙事的"修辞诗学"思想（申丹2005：223），经其学生韦恩·布思及韦恩·布思的学生詹姆斯·费伦等人的持续努力而始成型。笔者发现早期的结构

---

[1] 2009年尚必武博士毕业题为"A Study of James Phelan's Rhetorical Theory of Narrative"，专注于研究费伦的叙事修辞理论。

主义叙事理论也蕴含了篇章修辞成分，是叙事修辞理论的重要组成部分。本节尝试把叙事修辞理论划分为三个阶段来分析，并就叙事的修辞属性进行论辩。

一、三个阶段

根据北京大学申丹教授的研究，叙事学主要经历了经典叙事学、后经典叙事学及后经典之后叙事学三个阶段[1]。依据相关理论对叙事修辞属性不同方面的侧重，笔者发现涉修辞的叙事理论也可分为三个阶段，与叙事学三阶段同步，主要包括朴素阶段的篇章结构修辞、叙事的修辞技巧阶段和叙事的修辞效果阶段。

第一阶段，叙事修辞的起步阶段也即叙事学结构修辞阶段。叙事学这一概念是托多洛夫在其作品《〈十日谈〉语法》（*Grammaire du "Décaméron"*，1969）首次提出，但早在20世纪20年代俄国的形式主义及东欧的布拉格学派理论，已现叙事学思想的萌芽因素，并在六七十年代与法国的结构主义成功嫁接而成体系。该学科的诞生缘于一些语言学家试图用索绪尔的结构理论来探究叙事作品的构建规律，以建立叙事作品的科学性分析体系。早期阶段的叙事理论主要分为两派：第一派包括拉基米尔·普罗普的行为角色、托多洛夫的功能理论及阿尔吉尔达·格雷马斯的行动素等，皆致力于探求常规叙事的基本要素，追索叙事的普遍深层结构；第二派包括威廉·拉波夫和罗兰·巴尔特等人的结构理论，主要致力于研究叙事语篇的表层结构组织模式。早期两派皆聚焦于叙事内容或故事的组织情况，把重点放在语篇整体框架方面，力图总结能涵盖所有叙事语篇的组织模式。

叙事学发端阶段也是叙事修辞理论的启蒙阶段。这一时期的叙事学者虽然没有专门提及修辞这一概念，但相关研究基本上是在篇章修辞的框架内进行。俄国形式主义理论本来就是研究作品的措辞形式，即修辞技巧。集古典叙事学大成者的热拉尔·热奈特[2]更是在《修辞学卷三》讨论叙事学的相关问题，并讨论了柏拉图和亚里士多德的叙事观，说明他把叙事结构等看作是修辞学的一部分。叙事文本作为一种篇章组织，戴卫·赫尔曼认为，法国结构主义叙事理论有助于解释其

---

[1] 详见赵一凡编的《西方文论关键词》中申丹所编"叙事学"词条（2006:726-735）中的相关论述。
[2] 热拉尔·热奈特的叙事理论跨越三个阶段。

形式方面，而威廉·拉波夫等的社会语言学理论则阐明了叙事形式的功能。（戴卫·赫尔曼 2002：52）这些理论皆与亚里士多德《修辞学》中的觅材取材和布局谋篇等篇章修辞理论一脉相承。

第二阶段，叙事的修辞技巧阶段。直到韦恩·布思和热拉尔·热奈特，叙事学研究才真正深入作品内部，把重心转向探讨作品内部各要素之关系方面。热拉尔·热奈特"对文本的多个层面做了'语法'研究"（傅修延 2004：106），继而创建了一系列叙事技巧术语，如展示、讲述、焦点和视角等概念，并探讨其可能蕴含的特定意义。同一时期，韦恩·布思在《小说修辞学》和《我们所交的朋友》中，详细地探讨了小说作品中作者与读者的种种修辞关系及讲述和展示技巧，断言没有纯粹的展示。任何展示都无法清除作家存在的痕迹，在视点转换、人物称号、情节选择等方面，"作家的判断总是存在的"（韦恩·布思 1987：24）。热拉尔·热奈特和韦恩·布思所创造的叙事技巧术语和概念在西蒙·查特曼、詹姆斯·费伦和麦克·卡恩斯等的著作里得到进一步拓展。西蒙·查特曼（Chatman 1978、1990）、杰拉德·普林斯（Prince 2003）、马克·柯里（2003）等叙事学家都曾关注过叙事作品中的修辞技巧。这一阶段的修辞技巧更关注"文本的意图，可利用的技巧手段，而非最终是否成功劝服真正的读者"（Chatman 1990：186）。

第三阶段是追求修辞总体效果的阶段。与后经典叙事学同步，主要指 90 年代末期以来的叙事修辞理论。代表人物主要有热拉尔·热奈特（后期）、韦恩·布思（后期）、戴卫·赫尔曼、马克·柯里、西蒙·查特曼、詹姆斯·费伦和麦克·卡恩斯等人。这一阶段的叙事修辞理论更加关注叙事的修辞效果，研究的重点从叙事作品外部形式转向叙事之言后行为效果及获得该效果的方式，认为叙事形式技巧和叙事效果是相互联系的，重新把亚里士多德关于修辞的谋篇和效果融合起来，因而被称为"新希腊化"时期。（莫妮卡·弗卢德尼克 2007：23）这一时期，热拉尔·热奈特在探讨叙事技巧的同时也都观察了叙事技巧的修辞效果，关注不同技巧所蕴含的不同意义。

伯特·阿波特在《剑桥叙事学导论》一书里指出（2007：36-40）叙事的修辞

就是其力量,并开辟专章(第四章:叙事的修辞 36-50)从因果、常规化、主情节等视角探讨叙事的修辞效果。在戴卫赫尔曼编著的《新叙事学》第二章(35-60),詹姆斯·费伦分析了《人约黄昏后》的叙事修辞功能。这一时期,"修辞叙事就意味着作者通过一定的技巧手段,形成作者、叙述者、人物和读者之间的特殊关系,并实现某种特殊的效果"(谭善明 2009:86)。

需要指出的一点是,叙事的修辞理论第二、三两阶段并非截然分离的,尤其是热拉尔·热奈特、韦恩·布思和西蒙·查特曼等学者的理论均跨越了这两个阶段。申丹教授的研究揭示韦恩·布思和西蒙·查特曼的作品在这两个阶段之间摇摆(2005:223,230;2002:42)。热拉尔·热奈特早期注重纯粹的叙事技巧,随其研究视角的不断拓宽,热拉尔·热奈特逐步意识到伴随不同叙事技巧而产生的特别效果。韦恩·布思虽然一直是叙事伦理修辞的布道者,但其早期的著作,如1961年版的《小说修辞学》,关注重点也涉及"交流艺术",而不仅限于修辞效果。

综上所述,拉基米尔·普罗普、阿尔吉尔达·格雷马斯、热拉尔·热奈特(早期)等主要从结构形式上来探讨叙事结构修辞,即西蒙·查特曼所称的美学修辞。热拉尔·热奈特(中期)、西蒙·查特曼主要关注叙事技巧,韦恩·布思、热拉尔·热奈特(后期)、西蒙·查特曼(后期)、詹姆斯·费伦和麦克·卡恩斯等的理论更多把叙事技巧和叙事伦理结合起来,从作者、文本、读者和语境互动的角度研究叙事的修辞效果。

二、叙事的修辞属性辨析

中国学者申丹在评论美国著名叙事学家西蒙·查特曼的《叙事术语评论:小说和电影的修辞叙事学》时,认为"这部将'修辞叙事'(the rhetoric of narrative)置于副标题中的书,总的来说,是一本叙事学的著作。可以说,查特曼在'叙事学'与'修辞学'之间划了等号"。申丹进一步指出,"叙事学以文本为中心,旨在研究叙事作品中普遍存在的结构、规律、手法及其功能,而修辞学则旨在探讨作品的修辞目的和修辞效果,因此注重作者、叙述者、人物与读者之间的修辞交流关系,也较为关注具体作品在修辞方面的特殊需要,关注修辞手段在特定语境中发挥的作用"（2002：40-46）。

申丹的论述牵扯了贯穿于叙事修辞理论研究三个阶段的两种相互对峙的观点：

第一，叙事总是修辞的。代表人物主要有热拉尔·热奈特、韦恩·布思和杰拉德·普林斯等经典叙事学家。热拉尔·热奈特总是把其叙事作品集合在修辞学名称之下。韦恩·布思认为"叙述的修辞在原理上适用于一切讲述的故事"，"任何一个人为了加强叙述效果而使用的任何一个修辞手法或比喻都属于我们的研究研究"（1987：420）。詹姆斯·费伦也认为叙事总是修辞的，其代表作《作为修辞的叙事》的宗旨是要试图回答"为什么说叙事是修辞的"这个问题（2002：24）。中国修辞学者从莱庭在其修辞学著作中指出，叙事学即是一种修辞操作。（2004：423）强调修辞性是叙事作品的一个重要属性当然无可厚非，然而问题在于这一学派并未对"叙事的修辞性"做出严格的界定，简单地将叙事与修辞等同起来。如韦恩·布思认为任何叙事作品都有教育目的，因而是修辞的。（1988：152）同理，中国古代学者们也尊崇"文以载道"的教化思想。

第二，只有涉及效果的叙事才是修辞的，叙事者通过讲故事而传达某种伦理道德，并明确追求一定的叙事后效果。代表人物主要有后经典叙事学者麦克·卡恩斯、戴卫·赫尔曼及中国的申丹等人。他们注重读者和语境的作用，把修辞仅看作是某些叙事的特殊功能，指叙事者为了某一特定目的而采用的特殊讲故事方式。麦克·卡恩斯认为语境能使任何表达单位履行叙事的功能，任何抽象的语言，一旦应用于特定语境，就变成言语，可能带有那个修辞情景所赋予的修辞意义。（1999：2）

第三，还有一种较为极端的观点，狭隘地把叙事修辞等同于叙事语篇中的修辞手段，如戴卫·洛奇把叙事修辞和"比喻或一种修辞格"等同起来。（戴卫·赫尔曼 2002：7）韦恩·布思在《小说修辞学》第二版的后记跋文里，也区分了小说叙事文本中的广义和狭义修辞，狭义修辞即指小说语篇里的修辞惯例。当然这是个别现象，申丹认为修辞手段等属于语言层面的文体风格范畴。（1998：72）

我们该如何看待上述旨趣迥异的观点呢？叙事是否就是修辞呢？回答这个问题首先需要考查"修辞"概念和"叙事"的性质，探究二者之间存在的关联性。

一方面，修辞学之父亚里士多德认为"修辞是一种任何场合下都可发现劝说手段的能力"（Kennedy 1991：36）。其《修辞学》把布局谋篇作为修辞的五个重要成分之一，显而易见，叙事谋篇技巧也是修辞手段。18世纪，英国修辞学者乔治·坎贝尔把修辞定义为"用话语来适合其目的的艺术和本事"（Campbell 1969：1）。从莱庭把修辞界定为："语言使用者如何在口语和写作中更有效地使用语言，通过语言手段更有效地劝说、影响读者，以达到思想认识上的高度同一。"（2004：196）上述定义均强调修辞是一种有意识的表达活动，是修辞者通过言语措辞促使受话者（读者）接受劝说，实现同受话者成功交流的语言表达技巧。

另一方面，杰拉德·普林斯的《叙事学词典》认为，"叙事"是指一个或多个人向另外一个或多个人讲述一个已发生事件的活动。（Prince 2003：58）此外，关于叙事作品层次理论也将有助于我们的解读这一现象。托多洛夫1969年的《〈十日谈〉语法》）、西蒙·查特曼1978年的《故事与话语》和中国申丹1998年的《叙述学与小说文体学》等，皆认为一个叙事作品包含故事和话语两个层次；而热拉尔·热奈特1972年的《修辞格之三》、里蒙·凯南（Rimmon Kenan 1983）的《叙事虚构作品》和米克·巴尔（Mieke Bal 1995）的《叙述学》等作品，均把一个叙事产品划分为故事、文本与叙述三个层次。在上述两种观点中，讲述故事的叙述话语是不可或缺的，前者的"话语"层次，后者的"叙述"，是作者或叙述者对原事件重述的话语手段。由于受到叙事目的、叙事者能力、受话者的接受能力、心理状态以及社会语境等主客观条件的限制，叙事话语必然呈现一件事百样叙的多样化形态。韦恩·布思也曾指出小说的技巧是作者在"自觉或不自觉地把读者引入他的虚构世界时使用的修辞手段"（1987：序言第1页），其人为痕迹不可避免。历史叙事学家海登·怀特（Hayden White）的研究表明历史学家的编制情节与作家的虚构没有实质性的区别，历史编撰者的人为痕迹无法抹杀（卢波米尔·道勒齐尔2002：181）。凯瑟琳·冈瑟·柯达在对数量庞大的历史、传说和文学等作品中所刻画的斯巴达克斯形象梳理之后，吃惊地发现："斯巴达克斯在贯穿于历史的叙事过程中，一直在不断被改型和翻新：不断地削足适履，以符合叙事者时代最具影响力的'自由'的含义。"（Catherine G. Kodat 2005：562）这些不同叙事所携带的不同人为痕迹并非盲目的，而是为了实现特定叙事外目的，也即特定的修辞意义。

可见，修辞与叙事两概念在目的性的表达方面形成了交叉。修辞是为实现某一目的而采用的语言表达形式，形式本身也具有意义，能服务于特定的表达目的；与此同时，任何叙事作者都必然依据其叙事目的而选取不同的语言表达形式，即修辞性的叙事方式。自韦恩·布思以来的叙事修辞理论学者均关注存在于叙事手段与修辞目的之间的服务关系，如詹姆斯·费伦关于"作为修辞的叙事"的界定，即以"目的"为其重要依据。甚至热拉尔·热奈特也认为"顺序"、"时速"和"频率"等"并非与本篇的主旨无关"（1990：12）。经典叙事学依据俄国的形式主义理论和索绪尔的结构主义理论，聚焦于叙事语篇的结构修辞，如拉基米尔·普罗普的神话角色理论和阿尔吉尔达·格雷马斯的行动素理论，事实上也是对亚里士多德的布局谋篇理论的自然承袭。20世纪60年代以来的英美文学派关注修辞效果，认为叙事者对形式的选择及叙事偏离的程度皆非率性之举，而是依据于特定谋篇目的；任何叙事的修辞效果常常超越事件本身，很大程度上取决于叙事者精心选择和组织其叙事内容所取得的效果。

据此可以认定，任何叙事中的话语都具有某种目的，因而总携有修辞属性。事实上，任何叙事都是对原型事件的多种叙述模式之一，而绝非事件原型的自然呈现，因为根本"没有零度叙事"（麦克·卡恩斯 1999：31）。即使是以传递信息为主的新闻和历史叙事，也存在对原型事件的偏离，带有讲述者的人为选择痕迹，叙事的语言修辞手段也必然受到与接受者有关的情境因素等的制约。受众群体无法知晓事件的原型和真相，每个叙事者都是按自己的方法讲述，结果便产生不同的故事。不同叙事者对同一事件采用了不同的叙述视角和方式，意欲达成某种叙事之后效果。根据修辞的目的性原则，叙事具有修辞属性，是叙事者达成某一目的的手段。当然"叙事具有修辞属性"并不等于说修辞是叙事的全部，而是说叙事有一个修辞的维度，也即带有特定修辞性目的。修辞之外，叙事还有其他许多东西，任何叙事的构成还牵涉语义学、语言哲学和语境学等诸多方面的问题。

上述三种观点均依托于叙事语篇，其中的叙事信息占主导地位，修辞信息是次要的。除此之外，本作品将提出第四种观点，即在常规叙事之外，存在有一种以修辞功能为主导的修辞性叙事。叙事作为一种修辞手段辅助说明和论辩等语旨，此时的叙事信息功能被大幅削弱，其主导地位为修辞功能所取代，第三、四章将详细探讨。

第二节　叙事修辞领域代表性理论

叙事修辞虽然被归为后现代叙事学重要分支之一（戴卫·赫尔曼2002：1），但如本章第一节分析所示，叙事学界（包括经典学派）从未忽视修辞因素。为了更好地梳理叙事修辞理论，本节我们将先梳理早期几位主要叙事修辞理论家韦恩·布思、热拉尔·热奈特、西蒙·查特曼等人研究成果，然后将简要概述国内叙事修辞理论的研究现状。

一、韦恩·布思的小说修辞学

身为芝加哥学派的后期代表人物和芝加哥大学教授的韦恩·布思是叙事修辞理论的第一重要人物。韦恩·布思一生致力于提高修辞教学，强调修辞在生活中的重要性。正如他自己2004年所说："我现在终于明白，修辞学问题在我的大部分思想中处于中心位置……在我教学中的每时，在我创作中的每刻，我总在努力思索加强交流的方式。"（2009：6）韦恩·布思反对把修辞看作劝说艺术，坚持修辞是一种为获得最佳符号交流效果而设计的过程。（Booth 1974：141-142）

韦恩·布思一生著术颇丰，涉足多维的修辞学交叉理论，涵盖叙事学、伦理学、哲学、美学、宗教等诸多学科，其中关于叙事修辞的理论主要集中在《小说修辞学》（1961/1983/1987）[1]和《我们所交的朋友：小说伦理学》（1988）两部作品里及一系列相关论文。詹姆斯·费伦称这两本书"极大地改变了关于叙事技巧和小

---

[1] 该书英文原版出版于1961年，并于1983年重版时添加了"第二版跋文"。本作品参考的主要是1987年版中译本，后面仅注1987年。

说伦理的学术对话"（Phelan 2007：17）。《小说修辞学》被学术界称为20世纪小说理论的里程碑和"芝加哥学派最富有实用价值的批评著作"（1987：译者前言1）。该书正式启动了叙事修辞理论之旅的航行，是叙事修辞学的奠基石。在其师斯蒂芬·克莱恩的叙事修辞诗学理论的基础上，韦恩·布思兼顾了叙事技巧与叙事总体效果，为涉叙事修辞的相关研究留下了宝贵的理论遗产。

（一）叙事修辞

在《小说修辞学》的序言里，韦恩·布思坦言其"研究的是非教谕小说的技巧"，以"探讨作家制约、引导读者的手段"为目的。付礼军在其《中译本前言》中指出"此书所谓的修辞，实际就是小说技巧"（1987：1）。韦恩·布思的学生沃尔特·约斯特在《修辞的复兴》前言里评论该书"把焦点放在了作者对修辞技巧的统筹上"（韦恩·布思 2009：8）。出版于二十多年之后的《我们所交的朋友》（1988）继续探讨叙事的修辞技巧，重拾并拓展"自我"等概念，然而此次的焦点聚集于叙事的修辞"伦理"。韦恩·布思指出"所有的小说都是说教的"（137），反驳了纯文学和修辞（教育）文学的区分，认为这种二分法容易误导人。对韦恩·布思来说，具有修辞意义的叙事作品就是对读者具有教育意义的作品，可见韦恩·布思认为小说的技巧问题最终是为了达成某种修辞（伦理教育）目的，叙事技巧即修辞手段。

从修辞的角度审视小说作者、叙事者和读者之间的交流关系，韦恩·布思把文学修辞的本质界定为"发掘正当信仰并在共同话语中改善这些信仰的艺术"（2009：5）。与此同时，韦恩·布思十分重视修辞策略运用的技巧问题。韦恩·布思认为叙事的伦理效果建立在叙事技巧之上的，"用来引发我们情绪的每一个形容词，每一个细节，都成为激发故事主人公的情绪和他经验的一部分；这种修辞效果现在看起来很有效，是'内在'的"（1987：212）。在《小说修辞学》1987年版的跋文"说明"部分，韦恩·布思区分了"小说中的修辞"和"作为修辞的小说"两个概念，前者属于狭义的修辞，是指作品中所包含的"可辨认的手法"，即修辞惯例方面的技巧，如作家的评论；后者属于广义的修辞，即整部作品"被视作完整的交流活动"所牵涉的技巧，如主题的凸显模式、隐含读者的建构等。（1987：428-429）

在"讲述"和"展示"的关系方面,韦恩·布思认为不存在纯粹的艺术,一旦作者或叙述者介入,叙事便有了修辞性。为了确保人物和事件清晰有力,"作者不能选择是否运用修辞来加强效果。他唯一的选择是运用哪一种修辞"(1987:123)。因此清除作家痕迹的纯"展示"性叙事是不存在的。"每个文学中的'事实'——即使是代表人类经验中某些普遍的方面的事实,以最少涂饰的方式表达出来——都深深地印上了作家主观意图的痕迹,无论他怎样试图显得客观。"(119)韦恩·布思继而批判了时下流行与作品、作家、读者及距离有关的四条普遍规则,并细致地探讨了传统小说所关注的叙事说理评论、讲述和距离等相关技巧。"在阅读的过程中,总存在着作家、叙述者、其他人物以及读者之间的隐含对话。"(163)

(二)多重身份

韦恩·布思首创的关于作家声音中作者和叙述者的多重身份理论,贯穿其整个叙事理论体系。在《小说修辞学》,韦恩·布思提出作家的第二个自我即"隐含作者"的概念,指出"只要小说没有直接提到这位作家,他与隐含的非戏剧化的叙述者就是一个人"(1987:158)。同时,韦恩·布思又区分出了戏剧化叙述者概念,戏剧化叙述者又包含单纯的观察者和代理叙述者两种。韦恩·布思认为这些叙述者之间的区分,"非常倚重于将他们与作家、读者和故事中其他人物分隔开距离的程度和方式"(163),其相互关系"从认同到完全的对立都可能出现"。"当所叙述内容与作家的观念(也就是隐含作者的旨意)一致时,我称为可靠叙述,否则称为不可靠叙事。"(167,笔者略微修改了其语言表达)依据韦恩·布思的阐述,我们试着把叙事生产者群体以图1显示.

在1988年出版的《我们所交的朋友》里,韦恩·布思把这一理论拓展为作者的三种声音和读者的三重身份的系统理论。作者三重声音包括作品所体现的叙述者、隐含叙述者和有血有肉的作者等声音;读者三重身份包括即时的信任者、知道自己所接触的是某种程度上不真实的"虚构"的读者和有血有肉的真实读者。此外,韦恩·布思还多次论及作者心目中的理想读者。围绕着"读者",韦恩·布思又讨论了读者对作者的可能影响(1988:134-37),在论述作者对隐含读者应付什么责任时，韦恩·布思认为从修辞角度来说，"读者有权对作者作出要求"（1988：127）。多重作者理论经过韦恩·布思多年的研究和拓展，最终凝结为专著《我的多重身份》，出版于2006年，即韦恩·布思去世的第二年。

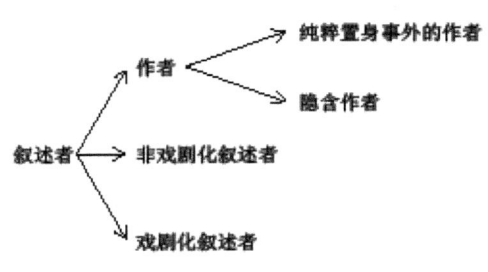

图1　作者的多重身份

韦恩·布思关于作者、读者的多重身份理论，为我们构建起一个极其实用分析小说修辞技巧的重要模式。真实作者的叙事视角、叙事目的和人物思想情态等，皆可通过生产者的多重身份之间的修辞性互动及其与读者的多重身份的修辞互动关系表现出来。这些因素为我们分析叙事产品的伦理修辞提供了可以把握的"楔子"。

(三) 共导理论

在《我们所交的朋友》，韦恩·布思提出"共导"理论，作为叙事伦理批评的重要工具。（1988：71-73）"共导"一词的英文包含两部分，co（together）和 ducere（to lead，draw out，bring，bring out）：（多种因素）共同导致（某一结论）。韦恩·布思建议"我们用树立个人价值观的方式来建构我们的叙事价值观：通过在含有大量的相似或相异价值语境中来感受这些观念"。我们初次接触新诗歌或故事的初始印象，总是建立在我们把当前和以前的经历相比较的基础上，并将在和其他人的交流中不断加以修正。"在和我们所信任的他人共导系统交流时，我们共导的效度总是不断得以改进，这种改进也伴随着时间的共导过程。"（1988：73）韦恩·布思指出共导理论旨在强调应从整体上来看作品，反对断章取义。在本书的第二部分，韦恩·布思在批评印刷品审查制度时，再次强调"正确阅读"要以全书宗旨为准，而不是局限于某一两点。（1988：161）

在该书第三部分，韦恩·布思指出共导最终不是建立信息层面上，而是在经验层面上，"愿望图式、隐喻修辞和神话世界里的幸福和痛苦等，与我们对不同水平艺术家想象，以各种方式组合起来—这些因素不仅使我们原谅一些原则性错误，而且能领会其精神内涵"（1988：377）。

（四）倾听修辞学

在力图发掘修辞学并改善共同信仰的探讨过程中，韦恩·布思提出了倾听修辞学。韦恩·布思发现有价值的共同信仰不仅是通过修辞手段争取普遍的赞同获得，修辞话语涉及者还需要"在竞争派别寻求共同的智性基础"上，共同协商以谋求一致的见解。为了发掘某一共同信仰，持不同见解的人们需要真正倾听别人的见解，考虑他人的目的、原则、视角，发掘各方的共同点，达成一种新的共识。"双方在此都参与到了相互信任的争论中，决定在倾听对手论证的同时说服对手倾听自己的意见。每一方都试图思考另一方提出的论证……双方不仅追求胜利，而且追求一种新的现实，一种对事实的新共识。"（Booth 1961：46-47）

韦恩·布思把伦理修辞作为其研究叙事作品的重要维度，在叙事修辞、作者和读者的多重身份、共导理论等多方面开启了叙事研究的新天地，开创了把叙事形式与意义结合起来的新研究思路。韦恩·布思主张"听说读写的艺术是任何一种有价值的智力活动所必备的，如果运用得当，能使世界变得更美好……他注意到把诗学和文学合并到修辞学领域之内的好处……在用部分—整体/手—目的等策略分析麦克白相关论文及《小说修辞学》创造过程中，韦恩·布思迈向理解形式层面之外的东西，也即作者与读者的多重关系"（Phelan 2007：17）。

韦恩·布思为叙事修辞理论所做的杰出贡献，至今尚无人超越。然而，韦恩·布思在研究叙事修辞理论，主要采用的是阅读评论者的角度而不是写作者的角度。韦恩·布思关于作者说服技巧的探讨侧重于作品伦理思想，而忽略篇章组织等美学修辞。此外，韦恩·布思忽略了非小说叙事，尽管他意识到了小说之外还存在叙事。（1987：420）

二、热拉尔·热奈特的叙事技巧理论

法国文学评论家和经典叙事学先驱者热拉尔·热奈特在叙事学界笔耕不辍,长达四十年之久,为我们留下多部经典之作。尽管被学界公认为经典叙事学之叙事话语派的领军人物之一,但热拉尔·热奈特的学术旨趣并非完全囿于叙事的话语结构。其四十年不断拓新的叙事视域远远超出了拉基米尔·普罗普、罗兰·巴尔特等学者所关注的叙事组织结构,为叙事研究领域同时向内(作品内部:如《叙事话语》和《新叙事话语》)、向外(作品之外:如《广义文本学之导论》《虚构与行文》和《艺术作品》等)两个方面大力开拓新疆土。下文将首先介绍热拉尔·热奈特的叙事学理论,继而探讨其叙事理论的修辞属性。

(一)叙事技巧理论

在经典叙事学发展之初,拉基米尔·普罗普的角色功能、厄·苏里奥(E. Souriau)的戏剧情境功能单元、克劳德·布雷蒙(Claude Bremond)的序列链环理论和罗兰·巴尔特的语言描写层次等理论都聚焦于故事层面各组成元素之关系。在罗兰·巴尔特的描写层次理论基础上,"托多洛夫于1966年提出了'故事'和'话语'这两个概念来区分叙事作品的素材和形式"(申丹 1998:13)。热拉尔·热奈特1972年又成功地分离了故事层、叙事话语层和叙述行为层,其研究视角触及文本多个层面的语法系统(傅修延 2004:106),把叙事的结构形式和叙事话语及内容等结合起来。其经典著作《叙事话语》以"方法论"为副标题,足以彰显其以方法技巧为重的叙事理论观。在托多洛夫关于叙事时间、语式和语体等理论基础上,《叙事话语》以《追忆似水年华》为例,从顺序、时距、频率、语式和语态五个维度阐明了一套系统的叙事语法,力图"通过这部论著,为文学理论和文学史提供几个比'小说'或'诗歌'等传统的实体轮廓更为清晰的研究对象"(译者前言:7)。"总之,《叙事话语》是要为自成体系的叙事文本,树立一个全面彻底描写和分析方法的新标准。"(Pier 2010:8)根据韦恩·布思小说修辞学的观点,时长和焦点等叙事技巧问题等皆具有修辞性。(1987:1)

十年之后，一方面受叙事研究新理论成果的启发，另一方面为应答《叙事话语》所遭受的各种批评，热拉尔·热奈特发表了《新叙事话语》，对《叙事话语》的主题做了更加详细彻底的论述，同时也涉及作者、读者等语境因素，讨论了叙事技巧与功能的关系，并对韦恩·布思的隐含作者理论做了有保留的否定。（1990：217-218）

叙事学界评论热拉尔·热奈特叙事成就时，主要局限于《叙事话语》和《新叙事话语》两部著作，认为热拉尔·热奈特的其他著作尤其是后期的研究理论不再关涉叙事。事实并非如此，热拉尔·热奈特的研究一直没有脱离叙事。虽然其后期的作品，如《广义文本之导论》（1979）和《隐迹稿本》（1982）主要探讨跨文本（体裁）：文本与副文本及文本内外的互文性关系，但叙事题材和叙事技巧始终是其关注的重要焦点。以 1991 年出版的《虚构与行文》为例，除了第四部分关涉"风格"哲学外，其余部分均与叙事密切相关：第一部分主要探讨了"什么是文学性"，作者融合了亚里士多德《诗学》中的模仿叙事理论和雅各布森形式主义日常叙事的"诗学功能"；第二部分借用约翰·塞尔的言语行为理论探讨了虚构叙事文里的陈述语言行为；第三部分从时序、速度、频率、语式和语态等视角探讨了虚构叙事和真实叙事的异同点；甚至第四部分风格的探讨也不忘叙事文的风格。对热拉尔·热奈特来说，叙事不仅是一组可用符号分析来描述的文本，也是作者向读者传递信息的"交流"场所。（Carrard Philippe 1998：365）

发表于 1994 年的《艺术作品—内在与超越》（*L'Oeuvre de l'art*, *Immance et Transcendence*），是一部公认有关审美的著作。但热拉尔·热奈特自己解释说："知道什么是艺术"将有助于我们更好地认识文学艺术（Harold F. Mosher 1999：336）。他对美学理论的阐释建立在艺术和文学艺术的比较之上的。那尔森·古德曼（Nelson Goodman）区分了原形艺术（autographic art）和异形艺术（allographic art），并把绘画和雕刻归为前者，文本和音乐为后者。在那尔森古·德曼区分的基础上，热拉尔·热奈特指出，作为异形艺术的文本本质特征不会因为印刷或抄写版本的不同而不同，因此这些不同的版本反而可被看作是原形艺术；另一方面当这些文字形式的艺术被朗诵或以其他艺术形式再现时，其效果也会因语境的不同而不同，在这个层次上说，文学艺术又是异形艺术。（Pier 2010：8-9）在探讨这一问题时，热拉尔·热奈特借用了他所热衷的叙事作品中的读者反应现象，作为效果鉴定的依据。在论述其理论时，热拉尔热奈特常常以马赛尔普鲁斯特（Marcel Prous）、亨利·威廉·詹姆斯（Henry James）和威廉·福克纳（William Faulkner）的叙事作品为例。可见即使在谈论美学时，热拉尔·热奈特仍然没有忽略叙事。

综上可知，随着热拉尔·热奈特学术研究的深入推进，其学术视野也逐步拓宽。其研究视域从叙事话语本身扩展到话语之间或之外制约叙事话语的因素；从文本形式到文本与副文本及文本外的读者之关系，再到各种跨学科跨媒介文本叙事的逐步拓展。热拉尔·热奈特采取了更高更广的视角是为了更好把握叙事文本。热拉尔·热奈特叙事视野的不断开拓也体现在其多部作品之间的遥相呼应上。出现在早期作品里的某些观点，若干年后，热拉尔·热奈特再次拾起，如《新叙事话语》就是对《叙事话语》中的一些论题进行再阐释、修正和补充；叙事"虚构"的话题仅是《新叙事话语》（1972/1990：199）[1]中的一个次分点，继而成为其1991年出版《虚构与行为》的主题。其后期关于"美学"的思想也萌发于早期的《新叙事话语》："文学或至少散文叙事对内部变化能力的利用比其他艺术，尤其比音乐要胆怯的多。"（1990：208）

（二）热拉尔·热奈特叙事理论的修辞性探讨

关于热内特的叙事理论的"修辞性"问题，早期的学者如韦恩·布思等持否定的态度。韦恩·布思曾批评热拉尔·热奈特过分热衷于叙事技巧而忽视其效果。（热拉尔·热奈特 1990：283）我国学者申丹沿循韦恩·布思的理论，把热拉尔·热奈特划归在结构主义叙事学家行列。其在《英美小说叙述理论研究》《叙事、文本与潜文本》和《西方文论关键词》等著作中的"修辞性叙事理论"部分，对热拉尔·热奈特只字未提。而90年代及其后的叙事学者如杰拉德·普林斯（2010：3-7）、麦克·卡恩斯（1999：7）、刘亚猛（2004：216-218）等都认定热拉尔·热奈特是一个修辞学家，承认热拉尔·热奈特并非仅关注叙事语法。"热拉

---

[1] 该书原著发表于1972年，本作品参考的是1990年的中文译本，为了方便，后面时间皆仅注为1990年。

尔·热奈特对叙事的机械化结构并不特别感兴趣。"（Prince 2010：4）西蒙·查特曼称其理论具有"古希腊修辞风格"（1980：221）。麦克·卡恩斯也观察到热拉尔·热奈特叙事理论中关于时间、频率和叙事结构等所蕴含的修辞功用。（1999：7，142）

我们认为热拉尔·热奈特叙事理论具有明显的修辞性质。首先，热拉尔·热奈特本人一贯关注修辞，不仅出版了《文学话语修辞》（*Figures of Literary Discourse*，1982）、《复喻，小说中的修辞》（*Métalepse：De la figure à la fiction*，2004）等修辞学专著，发表了《低调陈述》《辞格的修辞》（*La Rétorique Des Figures*，1968）等关于修辞的论文，甚至2004年专门撰文讨论叙事文中的数喻（metalepsis）现象。热拉尔·热奈特还在其著作中多次流露出其对修辞的热情，在《广义文本学导论》的结尾处宣布"我很喜欢figuratique一词"（2008：55）。在《虚构与行文》中（2008：69-70），热拉尔·热奈特把修辞解释为日常语言的实用功能，并从修辞的角度分析赛尔关于虚构作品中陈述句的两个看似矛盾的论点："一方面，他（赛尔）曾提出，虚构作品的虚假语言行为可以作为'信息'的载体，甚至是严肃'语言行为'的载体，例如……传达一种道德观念……"（同上：91）另一方面，赛尔又承认小说家实际上虚构了一个人物。热拉尔·热奈特认为二者的兼容性在于，人即使假装做了一件事（虚构故事、人物），其实他真的在做另一件事（如，传达某种观念）[1]，这不免让我们联想起了韦恩·布思关于小说的社会教育功用。热拉尔·热奈特对修辞的兴趣还体现在他用一个修辞系列来收编其主要作品，叙事作品更无一例外地收纳进去。作为其叙述理论奠基之作的《叙事话语》，就被收录在《修辞学卷三》。可见热拉尔·热奈特本人也认为他的叙事理论属于修辞学范畴。

其次，热拉尔·热奈特在隐喻的基础上创造性地运用一系列叙事术语。他把各种叙事手法隐喻化，如把叙事话语时间的倒置称为"时代错误"。在讨论时距、频率、人称等各种叙事语法所揭示的叙事者意图时，热拉尔·热奈特声明："叙事作品和其他任何作品一样，只有在换喻意义上的，向它本身的阅读借用的时间

---

[1] 括号里内容为作者所加。

性。"（1990：13）也即说，叙事时间等于阅读时间，叙事中用以表达某一事件的多次重复和"完全相同"的重复即为夸张，这种"假重复在古典叙事中构成典型的叙述修辞格"（1990：80）。其他如语式表现力和投影（视点）等都属于隐喻式模仿。

再次，在注重阐释叙事技巧的同时，热拉尔·热奈特并未忽视对叙事效果、意识形态、语境和读者的关注。其叙事理论从视角、叙述者、频率、时距和受述者等视角来谈论作品的叙述技巧，并且不止于现象的描写，也分析了这些现象的功能。此外，热拉尔·热奈特也曾触及各种叙事策略如概要、描写、组合和顺序等语篇的建构功能，如："概要显然是两个场景之间最通常的过渡，是二者相互映衬的'背景'，因而是小说叙事中的最佳结缔组织。"（1990：61）在后期的《隐迹稿本》和《虚构与行文》等作品里，有关副文本、跨文本等理论的探讨均契合了亚里士多德的《修辞学》的五大要素之一的布局谋篇。即使在公认为经典叙事学代表作的《叙事话语》和《新叙事话语》中，热拉尔·热奈特也没有严格遵循罗兰·巴尔特和托多洛夫等关注事件要素和叙事情节的结构主义传统，而专注于事件的呈现方式和手法（Prince 1992：415），并开辟专节讨论叙事修辞理论的一个关键词"受述者"，指出"读者或多或少暗含在作品里"（1990：281）。其中叙述者第三个职能便是叙述情境，要求叙述者和受述者对话。（同上：181）这难道不是修辞协商吗？显然，这与韦恩·布思的修辞—交流手段理论具有异曲同工之妙。

尽管针对韦恩·布思批评他太重理智太科学，热拉尔·热奈特以个人爱好为由，断言"主人公的爱好与故事内容有关，而与叙事话语无关"（1990：284）。然而在其研究实践中，热拉尔·热奈特也注重叙事言语行为所产生的叙事效果，认为叙事是一个交易过程。（Carrard 1998：365）在 1990 年发表的《叙事话语的实用地位》（*The Pragmatic Status of Narrative Fiction*）一文中，热拉尔·热奈特运用赛尔的言语行为理论考察了叙事话语的言后效果。在《虚构与行文》里，热拉尔·热奈特指出："我们更多考虑的是，这样描述它们是否比其他描述方式甚至所有的描述方式更有效、更经济，并更有成果……"（Genette 1990：90），甚至坦言"读者的确参与了创作"（189）。与此同时，热拉尔·热奈特也关注叙事的非理智性及语境等制约因素，在《叙事话语》："事件叙述始终是叙事，就是说用言语记录（假设的）非言语，因而对它的模仿将永远是模仿的错觉，与所有错觉一样取决于信息发送者与信息接受者之间千变万化的关系……历史的变迁在这里起了决定性的作用。"（热拉尔·热奈特1990：110-111）可见热拉尔·热奈特所拒绝的是对文中价值观做出判断，而不是价值和意识形态本身。他的名句"谁感觉，谁说的论断"（同上：126）即是注重交流者意识的最好佐证。这些理论建立在韦恩·布思小说修辞理论基础上（傅修延2004：107-108），在韦恩·布思作品中是修辞，在热拉尔·热奈特方面又何尝不是呢。

热拉尔·热奈特的叙事理论不仅没有停留在经典叙事阶段，其敏睿的学术素养和广博的研究旨趣还触及文学叙事之外但又与之密切相关的领域，如广义文本和副文本现象，甚至拓展到美学等领域。我们认为这些理论是热拉尔·热奈特对叙事层次一贯追求的持续。早在《叙事话语》里，他就逆当时的追求叙事普遍结构的风尚，专注于叙事主体内的叙事层次和故事层次。（1990：284）在70年代末80年代初，他关于叙事话语层次方面的研究发现，引发其继续研究叙事文本外的副文本和文本之外的广义文本的兴趣。在90年代，其研究兴趣竟然拓展到文学艺术之外的文体风格和美学艺术。需要强调的是，在从跨文本到跨题材再到跨学科的不断拓展历程中，叙事自始至终是其焦点，后期的热拉尔·热奈特只是力图从更高的视点用更广的视角来审视叙事及其修辞技巧，脱离"只缘身在此山中"的困境。约翰·皮尔（John Pier）依据戴卫·赫尔曼的后经典叙事学理论，认为热拉尔·热奈特的叙事理论绝非停留在经典阶段，甚至超越了后经典阶段的叙事理论，其关于叙事与诗学、美学关系的理论为叙事学研究指明了一个可能的发展新动向。（2010：16-17）

热拉尔·热奈特与时俱进的四十年学术生涯趟过了叙事的古典时期、后经典时期及后经典之后的叙事结构、叙事技巧、叙事效果等理论的大融合时期。热拉尔·热奈特总是随其兴趣、叙事学界理论的发展趋势和其自身学术积累，不断修正自己的观点，调整其理论体系。其研究的视角从最初叙事话语拓宽到广义文本再到文体风格等；其研究焦点从早期以叙事作品的现象描述为重（如《叙事话语》）过渡到了注重修辞和意识形态的分析模式（如《虚构与行文》和《叙事话语的实用地位》等），其后期的主要兴趣是在更宽的视域研究叙事。据此可以断言，如果说早期的热拉尔·热奈特是典型的叙事语法派，后期的热拉尔·热奈特更关注叙事的修辞功能，把叙事语法和功能结合起来，其叙事理论主要是在修辞学的框架内进行，修辞始终是其叙事理论的一重要维度。

热拉尔·热奈特的后经典叙事理论之所以被忽视和误解，主要缘于以下两个方面：

首先，在过去几十年中，学者们断章取义地解读热拉尔·热奈特的早期叙事理论作品，仅局限于《叙事话语》《新叙事话语》和早期的一些文章（Pier 2010：11），忽视了其后期的跨学科叙事理论。其次，当法国结构主义理论盛行时，人们的目光聚焦在结构主义基地法国，仅注意到热拉尔·热奈特整个叙事理论中有关结构的讨论，而忽视了其他方面，并且这种先入为主的结构主义标签深入人心。后来随着结构主义的没落，法国学术结构主义叙事学让位于英美的文学叙事派。人们对法国结构主义的排斥产生了一种城门失火殃及鱼池的效应。热拉尔·热奈特偏重形式层面的叙事修辞理论，并反对"先锋派"们过分注重叙事之"劝导说教"的做法（1990：283），其叙事修辞理论遭遇忽视也是意料之中。

热拉尔·热奈特对叙事修辞理论的贡献不仅限于一系列叙事术语，更重要的是他开启了叙事理论的跨学科研究思路，为后经典叙事学跨学科跨媒介研究树立了典范。就笔者对热拉尔·热奈特作品有限的感知，仅限于此，也许随着对他更多作品了解，会有更多的收获。

三、西蒙·查特曼的叙事话语理论

身为一名修辞学教授，西蒙·查特曼的叙事修辞理论主要集中在两本经典叙事学著作：《故事与话语》（*Story and Discourse* 1978）和《叙事术语评论：小说和电影的叙事修辞学》（*Coming to Terms: The Rhetoric of Narrative in Fiction and Film* 1990）。西蒙·查特曼的叙事理论沿循了韦恩·布思和热拉尔·热奈特的修辞模式，融合了他们两人的理论精华，更严格地说融合了以他们为代表的文学语篇叙事的伦理修辞和语言学叙事修辞技巧等理论的精华。在《故事与话语》的前言里，西蒙·查特曼自我解嘲似的说："我厚颜无耻地从理论家和批评家的作品中摘引，从韦恩·布思、米哈伊尔·巴赫金、罗兰·巴尔特、热拉尔·热奈特和茨维坦·托多洛夫等的巨大理论宝库里摘引。我的目的不是辩论，而是整合英美、俄国和法国的最有力的洞见。"（Chatman 1978：11）

（一）《故事与话语》和《叙事术语评论》

《故事与话语》共有五章，可分为三部分，第一部分即第一章简要介绍一些相关概念。第二部分（包括第二、三两章）聚焦于热拉尔热奈特派叙事的修辞语法，并进一步探讨故事与话语的互动性关系。同热拉尔·热奈特一样，西蒙·查特曼也认为叙事是一种交流活动（31），叙事者对事件的选择和安排，取决于作者对与读者有关的社会情境因素的预设（50、119、125）。在批判了形式主义和结构主义的"人物只是叙事的手段而不是目的"（112）的论断之后，西蒙·查特曼提出了"人物和事件都是叙事逻辑不可缺少的"（113）。在第三部分（第四、五两章），西蒙·查特曼转向了叙事的表达层面，采用其在前言里称作"reading out"的层次阅读法（41）。在承接韦恩·布思多重叙述者理论的基础上，西蒙·查特曼提出了相应的多重受述者概念，并指出隐含作者的设立不仅缘于道德方面的需求（149），文化模式也是其重要的导因。该著最具创造性的地方是第一次用塞尔的言语行为理论来解释叙事者和人物甚至作者的言语行为（161-163），并作为衡量叙述程度的一个重要标准（198-199），叙述程度有一个从完全叙述到完全不叙述的渐变流程（197）。

同韦恩·布思和热拉尔·热奈特一样，在《故事与话语》发表十余年后，西蒙·查特曼的第二部著作《叙事术语评论：小说和电影的叙事修辞学》问世。该著同样分为三个部分：第一部分（前四章）借鉴了热拉尔·热奈特后期的作风，力图在更广泛的文本领域探讨叙事。首先该著把文本定义为任意"暂时控制读者接受"的交流产品。（1990：6）查特曼继而探讨不同文本类型及其控制读者的手段，叙事可以作为文本的目的，亦可以作为论辩、说明和描写等语篇的修辞手段。杰拉德·普林斯在评论该著时,指出西蒙·查特曼通过广泛的例子表明:"文本的服务性质,至少在某种程度上取决于它的功能和它所处的语境。"(Prince 1992:409)杰拉德·普林斯进一步指出,不同叙事的服务功能不尽相同,"有些叙事比其他叙事更易于拥有服务性的功能"(413)。在杰拉德·普林斯看来,叙事陈述不同于叙事语篇,前者可以作为非叙事语篇如议论和描写的一部分。(409)

第二部分(第五至十章)承接前一部著作里的作者、叙述者和焦点等论题,重申了热拉尔·热奈特式时长、频率等叙事技巧概念,指出不同的处理方式能产生不同的修辞效果。第三部分(第十一章)则直接以韦恩·布思的《小说修辞学》命名,其中的两个中心名词上加上引号,莫舍尔和哈罗德指出该引号显示"西蒙·查特曼将要质疑这些基本概念"(Mosher Jr.,Harold F. 1992:515)。在这一部分,西蒙·查特曼区分了美学修辞(小说内的形式关系)和伦理修辞(小说对读者所产生的效果),前者在于说服读者接受作为艺术作品的小说,后者在于劝服读者接受作品所承载的关于现实世界的观点。这一区分暗合了亚里士多德的修辞理论中的两大块:布局谋篇和劝说目的。

(二)西蒙·查特曼叙事理论的修辞性质讨论

申丹在评论《叙事术语评论》时,认为该著前十章主要参照热拉尔·热奈特等人的叙事理论,仅最后一章"是与韦恩·布思这位小说修辞学家直接对上话",便得出西蒙·查特曼混淆了叙事修辞与叙事之区分的结论:

> 倘若我们遵循查特曼的区分,我们只能将'小说叙事修辞学'视为广义的修辞学,将'小说修辞学'视为狭义的修辞学,但'小说修辞学'研究的正是小说中叙事手段的交流目的和效果,完全可以说'小说叙事修辞学'是它的别称,这样两者又成为一体。在该书最后一章中,查特曼自己也提到:"不应把'修辞'视为'交流'的又一个宽泛意义上的同义词,它特指意在达到某种目的的语篇。"

(申丹 2005:234)

申丹之所以得出西蒙·查特曼混淆叙事学与修辞学的结论,基于其判断标准,将叙事修辞等同于叙事之后修辞效果。也正是依据这一标准,她断定热拉尔·热奈特不是修辞家。综观全著，不难发现，西蒙·查特曼文本同时也探讨了小说和电影的说服技巧，这不正契合了亚里士多德"一门发现适用于任何主题的劝说方式的艺术"的修辞学定义吗？笔者认为，西蒙·查特曼的修辞叙事理论沿袭了韦恩·布思小说修辞理论中的一些主要理念。首先，《叙事术语评论》最后一章直接回应韦恩·布思的修辞思想。其次，《故事与话语》的第四、五章和《叙事术语评论》的第五、六章皆承接了韦恩·布思《小说修辞学》里主要核心概念：作者、叙述者和视角。西蒙·查特曼在阐释拓展这些概念时，更加关注读者和语境等因素对修辞效果的影响（1978：138-145，151；1990：77，98-99）。再次，《叙事术语评论》前四章讨论四种基本语篇类型相互借用相互服务的关系，可追溯到亚里士多德关于演讲叙事的论述。对西蒙·查特曼来时候，叙事有可能服务于劝说、论辩和说明等目的，也就是说讲述一件事也许仅是为了叙事外某一特定说服目的，因而是服务性叙事，这正暗合了韦恩·布思"作为修辞的小说"和詹姆斯·费伦"为某一目的而讲故事"理论中对"叙事的修辞性"所做的界定。区别在于"目的"的性质不同，前者指文本内语篇各层次间的服务目的；后者指社会服务性目的。事实上詹姆斯·费伦的"作为修辞的叙事"理论也曾触及文本内各层间服务关系，详见后文（第四章第一节的）相关论述。如上理论在韦恩·布思和詹姆斯·费伦的作品中是修辞，为什么在西蒙·查特曼方面就成为纯叙事而非修辞技巧呢？

　　从篇章的维度来考察，西蒙·查特曼关于叙事者说服读者接受其"篇章"的相关研究（为申丹叙事修辞理论所排斥的）符合篇章修辞学的理论传统。胡曙中先生的研究发现西方的语篇理论均来自修辞学。（2008：47-53）中国修辞学也把篇章纳入自己的研究视域。（郑颐寿1986；宗廷虎2008）在《辞章学概论》中，郑颐寿（1986：5）指出，"辞章（指书面的）是作文的艺术，辞章学是研究辞章的规律与方法的科学"，"辞章艺术大于修辞艺术，它包容了修辞艺术……是构成文章的一个重要艺术"。可见修辞大于辞章，辞章是修辞学的有机组成部分。在叙事修辞理论界，无论是韦恩·布思"作为修辞的小说"和詹姆斯·费伦"作为修辞的叙事"，还是麦克·卡恩斯的修辞叙事学都曾关注语篇叙事所产生的言后效果（意）。詹姆斯·费伦的叙事修辞理论也结合了叙事逻辑形式和伦理效果两个方面，详见本章第三节。

韦恩·布思和詹姆斯·费伦等人所追求的是叙事文本作为一个整体所产生的说教效果，西蒙·查特曼的研究可能更为微观，更关注语篇内下、上位不同层次之间的关系，以及不同体裁之间的修辞关系。西蒙·查特曼的研究为麦克·卡恩斯及本作品笔者的后继性研究奠定了良好的基础。

从修辞学视角来说，无论是古典的劝说修辞还是现代的"同一"修辞，语言手段都是重要的说服艺术，修辞效果是修辞者使用包括言语在内的劝说手段所取得的结果。正是基于这一原则，韦恩·布思把其讨论作者"同读者进行交流的艺术"的作品命名为《小说修辞学》。詹姆斯·费伦也把"作为作者整个叙事结构组成部分的叙述者的讲述"称为一种修辞结构。（1996：8）有趣的是申丹在评论韦恩·布思、热拉尔·热奈特和西蒙·查特曼等人叙事修辞理论时，一方面承认"布思的修辞学"研究更为关注作者和读者，旨在系统研究作者影响控制读者的种种技巧和手段（2005：225）[1]；另一方面却拒绝承认西蒙·查特曼理论中叙事技巧的修辞属性。此外，无论是西蒙·查特曼还是热拉尔·热奈特在考察叙事技巧时，也没忽视其与主题的关系，最突出的例子是二者都运用言语行为理论解释叙事话语功能机制。（Chatman 1978：161-166，198-209；热拉尔·热奈特 1990：92-101）

本作品的观点，无论是美学的还是伦理的修辞，只要涉及叙事效果的技巧和方法均属于修辞手段。从某种意义上来说，西蒙·查特曼的叙事言语行为理论更接近传统修辞学的本意层面，即修辞者为说服听众而设计的某种话语。

（三）西蒙·查特曼对叙事修辞[2]理论的贡献

西蒙·查特曼关于故事和话语的相关研究、显性和隐性叙述者、文本类型及自然化的读者视角和多重受述者等诸多理论成果，对叙事学的发展具有开拓性意义。具体可见《当代叙事理论指南》第32页，其中莫妮卡·弗卢德尼克（Monika Fludernik）总结了西蒙·查特曼为扩展叙事研究范畴所做的贡献。就叙事修辞理

---

[1] 根据西蒙·查特曼，《小说修辞学》更倾向与美学修辞而不是伦理修辞（1990：197）。
[2] 西蒙·查特曼关于叙事的修辞性理论涉及了本章第四节所提出的叙事修辞概念的涵盖范围。

论而言，西蒙·查特曼理论起着重要的承上启下之功能：逆当时盛行的后结构主义"维意识"风尚，西蒙·查特曼在韦恩·布思叙事修辞理论的基础上，区分了美学和伦理两种叙事修辞：旨在劝服受话者接受作品的形式、旨在劝服受话者接受对现实世界里发生的事情的某种看法。（申丹 2002：42）该理论既继承了热拉尔·热奈特的叙述语法理论又坚持了韦恩·布思的新亚里士多德主义伦理观；在注重作品形式层面上艺术美的同时，强调意识形态修辞在叙事艺术中的重要地位，融合了此前两派叙事修辞家的观点。最为珍贵的是，西蒙·查特曼还注意到了非叙事主导语篇中的修辞性叙事。其关于不同文本类型（如议论、描写）中的叙事及其功能的探讨，继承了亚里士多德式的修辞性叙事。任何类型的文本，无论使用了何种修辞手段和语篇模式，只要讲述了过去发生的事件，就有叙事。（1990：6-21，189-201）西蒙·查特曼关于不同语篇和不同媒介中的叙事理论，与热拉尔·热奈特的跨文本叙事理论，共同开辟了跨文类和跨媒介的叙事研究新模式。

综上所述，西蒙·查特曼的"叙事理论"是叙事修辞理论发展过程中的一个重要环节，为后经典叙事之修辞理论的发展做了重要铺垫。也为本研究提供一重要理论参照和依据。

四、戴卫·赫尔曼和其他叙事学者

作为"后经典叙事学"的首倡者与领军人物，戴卫·赫尔曼严格来说不是叙事修辞学者，戴卫·赫尔曼没有出版过探讨这一论题的专著。本节提到他，因为其关于后经典叙事学的界定和阐释，把叙事修辞的理论作为重要的组成部分，并做了一定的剖析。

面对 20 世纪 90 年代出现的纷繁复杂的跨学科、跨媒介叙事，戴卫·赫尔曼提出了后经典叙事学和复数叙事学概念，二者都把叙事修辞学作为其重要组成部分。在《新叙事学》的前言里，戴卫·赫尔曼批判了洛奇（David Lodge）将叙事修辞性分析与故事里所用的比喻或修辞格等同起来的简单做法，把叙事修辞学归属于复数叙事学的一重要分支。在《认知草案、序列和故事：后经典叙事学的要素》(Script, Sequence, and Stories: Elements of a Postclassical Narratology 1997)一文中,戴卫·赫尔曼首次提出"后经典叙事学"。(Herman 1997: 1048)戴卫·赫尔曼认为女性主义、修辞学、语言学和计算机领域的理论模式和视角为后经典叙事学提供了力量源头。这一理念在1999年的《复数的后经典叙事学:叙事分析新视野》(Narratologies: New Perspectives on Narrative Analysis, 1999)被再次拾起。在《新叙事学》的序言里,戴卫·赫尔曼指出叙事理论借鉴了"女性主义、修辞学、解构主义……等理论"而得以重焕新机,"一门'叙事学'(Narratology)实际上已经裂变多家'叙事学'(Narratologies)"(戴卫·赫尔曼 2002: 1)。在接受中国学者尚必武的访谈时,戴卫·赫尔曼重申这一立场,后经典叙事学区别于经典叙事学的最"鲜明之处在于吸纳了新的研究方法与研究假设,打开了叙事功能与叙事形式研究的诸多新视角"(尚必武 2009: 99)。

戴卫·赫尔曼的叙事修辞理论强调特殊话语标记、语境和认知等因素在叙事体系中的互动性作用。叙事语法、叙事诗学和叙事修辞共同组成一个多维动态的叙事体系:"故事之所以是故事……是由叙事形式与叙事阐释语境之间复杂的相互作用所决定的。因此核心问题是故事策划方式及其所引导的故事处理策略之间的相互作用。这样的处理策略可根据所取视角、所用术语以及所选描述层面对故事讲述形式中包含的意识形态……"(戴卫·赫尔曼 2002: 8)已有经验、脚本和语境因素等都有助于读者理解话语。

作为叙事学的一个重要维度,叙事的修辞属性逃脱不了大多数叙事学家的视野,他们在探讨叙事理论时偶尔也涉及叙事修辞的话题。浦安迪在《中国叙事学》中指出,叙述人的口吻问题是研究叙事修辞形式的重要方面,在某种意义上讲,说话的过程就是叙事的修辞过程(1995: 18-19),并指出英语中"rhetoric"更含有美学上的创造意义,是叙事的核心功能之一。(98)马克·柯里(Mark Currie)在《后现代叙事理论》认为"对视角的分析……是在小说修辞中的一种新探索",马克·柯里认为叙事的修辞性还体现在作者"有时对信息流通量、信息来源以及信息表达方式的精心控制掌握着读者的判断"或"按事先准备好的意图控制理想读者"（2003：22-24）。此外，希利斯·米勒（2002：153，155-174）、H·伯特·阿波特（Abbott 2007：36-50）、苏珊·S·兰瑟（2002：5）和华莱士·马丁（Martin 2006：22-23，155-159）等都曾关注过叙事的修辞属性。

五、国内叙事修辞理论研究现状概述

20 世纪 80 年代后期以来，得益于以申丹为首的一批留学归国人员多年不懈的译介工作，西方叙事学理论大量引进，激发了国内叙事研究的热情。虽然国内目前"无论是译著还是与西方叙事学有关的论著，一般都局限于 20 世纪 60 至 80 年代的经典叙事学，忽略了 90 年代以来经典叙事学的新发展，也忽略了以关注读者和语境为标志的后经典叙事学"（申丹 2003：65）。但作为后经典叙事学分支之一的叙事修辞理论也引起了申丹、董小英、尚必武和唐伟胜等学者的关注。

北京大学的申丹教授是 20 世纪 80 年代我国第一批留洋归国博士，多年来一直专注于叙事学和文体学的研究，先后发表上百篇论文和四本研究叙事理论的专著，负责引进并翻译了一批国外权威叙事学专著，是把西方叙事学理论介绍到国内的第一功臣。紧紧追随国外叙述修辞研究动态是申丹重要的学术旨趣，先后深入地介绍和探讨了克莱恩（2005：223，2007：31-42）、韦恩·布思（2002：16-25；2007：167-186；2005：224-232）、詹姆斯·费伦（2002：3-11；2005：342-256）、西蒙·查特曼（2002：40-46；2005）和麦克·卡恩斯（2005：265-274）等西方主流叙事修辞理论家的研究成果。

申丹涉叙事修辞的研究成果主要如下。首先，不可靠叙事和隐含作者的理论，在综述了西方主要"隐含作者理论"的混乱之后，申教授提出了"只要把握住'创作时'和'平时'的区分，综合考虑编码（创作时的隐含作者）和解码（作品隐含的作者形象），就能既保持隐含作者的主体性，又保持隐含作者的文本性"（2008：140；2009：34）。其次，在评论西蒙·查特曼的叙事修辞观时，提出自己的叙事修辞观："叙事学以文本为中心，旨在研究叙事作品中普遍存在的结构、规律、手法及其功能，而修辞学则旨在探讨作品的修辞目的和修辞效果。"

（2002：41）可见，申丹把叙事技巧看作是叙事的固有属性，因而应排除在叙事修辞之外。这一观点在三年后出版的专著《英美小说叙事理论研究》有所改变："在修辞性叙事理论中，继承了传统'修辞'一词主要指涉作者与读者进行交流的方式或技巧。"（2005：224）可见此时的申丹已经接受交流方法和技巧属于修辞。至于叙事作品的"布局谋篇"是否也是一种修辞技巧，情节的不同组合模式所产生的不同意义是否是修辞意义，申丹教授似乎不感兴趣。在2013（47-53）至2015（57-63、112）年的系列论文中，申丹教授又为我们系统阐述了隐性叙事及其修辞性功能。

申丹为西方叙事理论在我的传播所做的贡献迄今无人能超。但是她关于叙事修辞理论的阐释过于强调文学性的伦理效果，在评价西蒙·查特曼和热拉尔·热奈特的叙事修辞理论时似乎有失偏颇。我们认为应该动态地看待一个学者的整体思路，在伦理修辞之外，语篇和措辞技巧也是叙事修辞理论体系的重要组成部分。

尚必武是目前国内另一重要叙事修辞理论学者。自2007年介入叙事理论研究以来，尚必武博士共发表了近百篇研究叙事的论文，叙事修辞理论是其关注的核心焦点之一，先后采访了詹姆斯·费伦、戴卫·赫尔曼等西方著名的叙事修辞理论学者。2009年，尚先生顺利完成了题为《詹姆斯·费伦的修辞性叙事理论研究》的博士毕业论文，"以费伦提出的六个修辞原则为基础，重点探讨了费伦修辞性叙事理论的六个核心"（中文序第iii页）。另外唐伟胜（2010，2008，2007，2004）、谭善明（2009）等学者也撰文介绍和评论韦恩·布思、热拉尔·热奈特、詹姆斯·费伦及戴卫·赫尔曼等的叙事修辞理论，为叙事修辞理论在中国的传播做出不可磨灭的贡献。除申丹以外，目前国内研究叙事修辞的研究兴趣主要聚焦于在以韦恩·布思、詹姆斯·费伦为代表的文学叙事修辞理论，忽视了热拉尔·热奈特、西蒙·查特曼和麦克·卡恩斯等偏重分析话语模式的相关理论。

关于叙事修辞的话题，国内还有一些的零散研究成果。我们把"叙事修辞"作为主题词打入中国知网（2010-10-14），共得 53 篇论文（见表 2）。

表 2　国内修辞叙事研究状况调查表[1]

类别	文学文本分析		叙事修辞理论研究			非文学类叙事
	单一文本	一类文本	韦恩·布思	詹姆斯·费伦	其他	
数量	28	6	3	10	5	1
所占份额 %	53	11	6	19	9	2

通过进一步分析，我们发现上述文章有一半以上主要借用西方叙事修辞理论来研究某一作品中涉修辞的叙事现象；关于理论研究的方面，同我们上面分析国内叙事学主要代表人物的情况相似，主要是对韦恩·布思和詹姆斯·费伦师生的叙事修辞理论进行介绍、解读和再阐释；研究视域囿于文学体裁，在表 2 所列的 53 篇文章中，仅一篇是探讨广告语篇中的非文学性修辞叙事[2]。然而五年之后的 2015 年 8 月 1 日，我们再次把叙事修辞作为主题词键入中国知网，共得 2 368 篇文章，通过手动逐条检阅，我们发现前 400 篇中有 58 篇关涉广告、新闻、法律和历史等非文学叙事，表明非叙事语篇中的叙事已经引起学者们的关注。

国内关于叙事修辞理论的研究，一方面主要是对国外理论的翻译、介绍和再阐释；另一方面是用西方的叙事修辞理论来阐释分析国内外文学作品中的叙事修辞现象，忽视非文学作品中叙事修辞现象的研究，虽然近年来，非文学叙事已经受到关注，但尚没有形成体系的研究，涉演讲叙事的研究仅限于单篇演讲词；再次，明显缺少理论上的创新和有中国特色叙事理论构建，尚未形成独特的叙事修辞理论研究模式。

---

[1] 表 2 中的"其他"包括两篇关于修辞叙事和认知叙事的理论交叉型研究成果和三篇综合研究布思、费伦和麦克·卡恩斯理论的成果。

[2] 王委艳的期刊论文"论电视广告的修辞叙事学特征"，发表于《邯郸学院学报》2010 第 3 期，第 70—73 页。

六、早期的叙事修辞理论概论

本节前五部分研究了西方早期主要叙事修辞学者的相关理论及我国当前的相关研究状况。韦恩·布思、热拉尔·热奈特与西蒙·查特曼的叙事修辞理论是一脉相承的,如果说韦恩·布思和热拉尔·热奈特分别代表了英美文学理论派和法国结构主义语言学派的叙事观,西蒙·查特曼的《故事与话语》则试图在二者之间架起一座沟通的桥梁,力图把叙事的内外因素结合起来,并引发了关于叙事外受述者的讨论。英国学者戴卫·洛奇把热拉尔·热奈特和韦恩·布思的叙事排除在小说的修辞性理论之外,其依据是他们研究故事与情节之间的关系,而不是修辞所"显示故事的语言媒介如何决定故事的意义和效果"(戴卫·赫尔曼 2002:7)。我国学者申丹的修辞学理论也把热拉尔·热奈特和西蒙·查特曼关于叙事技巧方面的研究排除在外。笔者认为此类做法均不够妥当,韦恩·布思、热拉尔·热奈特和西蒙·查特曼等学者的叙事理论,均关注到叙事者为达到特定目的而采取特殊的叙事技巧。不同于拉米基尔·普罗普和阿尔吉尔达·格雷马斯等所追求的纯叙事语法研究,韦恩·布思等人致力于把叙事者目的和读者接受等因素接合起来的叙事策略分析。韦恩·布思关注小说作者与读者进行沟通的艺术;热拉尔·热奈特分析了时间、语式、语态选择的主观性和情境性;西蒙·查特曼则观察了叙事语篇的服务性、叙事的美学修辞和叙事的目的性等因素,这些理论都突破了单纯的叙事文本表象描写,进而关注叙事文本深层的生成和阐释原理,对我们准确解读叙事作品的叙事外之意和叙事后之意(效果)具有重要的指导性意义。

第三节 《作为修辞的叙事》和《修辞叙事学》[1]

《作为修辞的叙事》和《修辞叙事学》是目前仅有的两本以"叙事"、"修辞"作为命名关键词的专著。"作为修辞的叙事"沿袭并推进了韦恩·布思"小说修辞学"的理论体系;而"修辞叙事学"则沿循西蒙·查特曼的叙事理论轨迹,

---

[1] 申丹(2005:256)将其译为《修辞性叙事学》,根据本章后面的分析及本作品主旨,我们觉得《修辞叙事学》更合理。

力图用言语行为理论融合修辞学和结构主义叙事学的相关理论。本节将先分别介绍二著作者各自的理论体系，然后再做一比较。

一、《作为修辞的叙事》

《作为修辞的叙事》是詹姆斯·费伦叙事修辞理论的代表作，浓缩了詹姆斯·费伦叙事理论的精髓。为了更好理解这一理论，有必要先了解一下詹姆斯·费伦叙事修辞理论的发展轨迹。

（一）詹姆斯·费伦叙事修辞理论发展轨迹

芝加哥学派后起之秀詹姆斯·费伦追循着其师韦恩·布思，继续探讨文学叙事的修辞属性。詹姆斯·费伦对叙事的修辞理论做了迄今为止最系统的探讨和阐释，先后出版了五部关于叙事修辞理论专著：《言语世界》（*Worlds from Words*，1981）、《阅读人物，阅读情节》（*Reading People，Reading Plots*，1989）、《作为修辞的叙事》（*Narrative as Rhetoric*，1996）、《活着去讲述》（*Living to Tell about It*，2005）、《叙事的本质》（*The Nature of Narrative*，2006）和《体验小说》（*Experiencing Fiction*，2007），詹姆斯·费伦自称为"持续综合性的叙事修辞理论著作"（2007：P13）。该系列著作在叙事修辞理论的发展史上具有重要的里程碑意义。

这六部作品展示了詹姆斯·费伦叙事修辞理论由点及面、由浅入深不断拓展的轨迹。《言语世界》起始于"小说艺术中媒介应处于什么样的地位"（1981：3）的疑问，通过理论梳理和多部作品的验证，最终詹姆斯·费伦得出了语言是附属于"人物、行为、情感和思想"结论。（1981：215）这一发现激励着詹姆斯·费伦继续思考叙事作品中人物的功能，于是《阅读人物，阅读情节》应"思"而成，该著聚焦于人物的模仿、主题和综合三个维度的功能及相互关系，并探讨其相互转换融合的方式。不满于罗伯特·施格尔斯（Robert Scholes）的重主题陈述因素而轻其情感因素（1989：77）的符号框架理论，詹姆斯·费伦驳斥了罗伯特·施格尔斯为代表的"正确的解读就是文章主题化"（Phelan 1989：61）的观点，提出基于过程阅读的修辞框架，文章意义是作者与读者的交流的结果（8），指出人物的模仿和主题功能之间的三种交互关系：从属、平衡和融合（83）。《活着去讲述》继续探讨"修辞形式如何影响人们观察人物，以及人物如何感染并决定读者和文本及作者之间的修辞活动"（Docherty 2007：223）。詹姆斯·费伦集中探讨了四种"修辞形势"（Phelan 2005：23）之一的"人物叙述"，以区别于那些非人物的第一人称叙事，该人物可能为了特定目的而采用"压缩的叙事"手法（138）。

《体验小说》聚焦于两个主题：判断和进程。"判断"理论沿循了《活着去讲述》中的伦理修辞和美学修辞等理论，继续从阐释、伦理和美学三个维度探讨读者的叙事判断过程。上述四部作品都侧重于探讨叙事作品的某一个（或几个）修辞维度，而没有把叙事作品整体作为修辞手段来处理，这一瑕疵在《作为修辞的叙事》得到了纠正。该著在探讨叙事的修辞技巧同时，注重挖掘叙事文本作为一个篇章整体所产生的修辞性寓意，如寓言故事所携有的寓意等。

（二）"作为修辞的叙事"

《作为修辞的叙事》是詹姆斯·费伦前期叙事修辞理论的总结，为后续性研究奠定了扎实的理论基础。相比而言，该著是詹姆斯·费伦视野最开阔、理论也最为系统的著作。詹姆斯·费伦不仅第一次为"作为修辞的叙事"下了十分明确的定义，还从伦理、意识形态、读者和作者的互动关系等多重视角，详细探讨了"作为修辞的叙事"的建构技巧及其运行机制，为文学叙事评论工作构建了一个翔实、指导性较强的理论框架。詹姆斯·费伦自己将之描述为"用于陈述基本理论和说明其解决问题的方法"（2007：xiii）。

1. "作为修辞的叙事"的界定

受到韦恩·布思关于"作为修辞的小说"理论的启发，詹姆斯·费伦把"作为修辞的叙事"定义为"某人在某个场合出于某种目的对某人讲一个故事"（2002：14）。我们可从两个角度来解读詹姆斯·费伦的上述定义：首先，该定义指出叙事的目的属性，任何作为修辞的叙事都带有特定的目的，是通达某一目的的修辞手段。为了更好服务于其叙事目的，叙事者不会也不能仅限于重述客观事实，他总是利用取材、语言和谋篇等策略对事件进行编码加工，操纵信息流和情感负荷向有利于说服目的的方向倾斜，最大化其叙事之后效果。"当一个人进行叙事时，他必须由复杂情境中选择出一些事件，再赋予所挑选出来的事件情节意义。"（王红艳 2007：xvi）

其次，这一定义从修辞谋篇的角度指明了"作为修辞的叙事"的工具性属性。叙事者不是为叙事而叙事，我们在讲故事的同时，履行了某一叙事外的特定目的，即韦恩·布思和西蒙·查特曼的伦理修辞。"这样，叙事修辞就意味着作者通过一定的技巧手段，形成作者、叙述者、人物和读者之间的特殊关系，并实现某种特殊的效果。"（谭善明 2009：81-90）

詹姆斯·费伦的定义至今仍被叙事学界奉为"叙事修辞"理论的圭臬，是当今叙事修辞理论或批评实践的权威性参照。詹姆斯·费伦自己在后期的叙事修辞作品中，也多次指涉该定义，相关理论仍以此定义为基准，如《体验小说》中阐释相关修辞理论时，詹姆斯·费伦三次诉诸该定义（2007：7、4、22），某种程度上可以说，詹姆斯·费伦后期的理论都是对该定义的延伸和深化。笔者认为詹姆斯·费伦的定义在叙事功能方面接近了修辞性叙事的本质特征，指出了叙事的工具性功能，但詹姆斯·费伦的研究对象还是囿于文学叙事的范围之内，没有涉略非语篇叙事中的修辞性叙事，另外，詹姆斯·费伦没有触及叙事信息在不同文本中的地位变化，更没涉足修辞性叙事的外在表征。

2. 动态的叙事修辞观

韦恩·布思的小说修辞学理论主要关注静态的文本，"作为修辞的叙事"理论力图建构一种"多维、进程、互动"（申丹 2005：242）的叙事修辞观。认同了肯尼斯·伯克和韦恩·布思的叙事即是修辞的观点，詹姆斯·费伦进一步强调叙事作者、文本和读者之间的交互关系，"当我谈论作为修辞的叙事时，或谈作者、文本和读者之间的一种修辞关系时，我指的是写作和阅读这一复杂和多层面的过程，要求我们的认知、情感、欲望、希望、价值和信仰全部参与的过程"（2002：23）。早在 1989 年的《阅读人物，阅读情节》，詹姆斯·费伦就指出"叙事进程"概念的"独特在于注意到了作者的读者在阅读体验中的动态发展"。（1989：

107）一旦主题功能与实际读者的价值观发生冲突（165），读者便"参与到具有丰富和惬意的伦理进程"（2002：73），可借以推测出人物或作者的价值取向，并有可能修正自己的价值观，于是叙事的伦理修辞意义产生了。在《作为修辞的叙事》里，詹姆斯·费伦更为关注多重作者、多重声音、多重读者、人物的多重功能和多层故事之间相互缠绕的动态复杂关系。在该著前言里，詹姆斯·费伦分析了短篇小说《魔法》故事层次间的模糊性，并指出作者、人物和叙事者之间存在修辞目的交叉互动，为读者参与价值判断预留了空间。在《作为修辞的叙事》里，人物的"三维度功能"及其与叙事进程的互动关系被引申为区分抒情诗与叙事诗的一个重要维度，有助于解决叙述者和读者或作者与读者之间在价值判断上的分歧，是推动叙事进程的重要方式之一。叙事引发读者对说话者"所做出的序列判断"（主题功能）而不仅限于人物刻画（模仿功能），"没有人让我们判断说话者，并把判断看作是对事件整体理解的组成部分，反倒让我们为事件本身所吸引，并力图理解和思考说话者的论点"（2002：8）。该著的第二、三章探讨了不同叙事声音修辞原则，并说明叙事声音对叙事进程的促进作用。（同上：33）在第四章，詹姆斯·费伦重申叙事进程所包括两方面：情节的发展即不稳定的解除过程，是作者（叙述者）和读者之间在信仰和价值观等方面所发生冲突关系的展现过程。詹姆斯·费伦认为人物作为某些思想、信仰或价值的代理所具有的模仿主题和综合因素，在整个作品内起特殊的作用。单个人物特征无法辨别其是否具有主题特征，判断的标准是看其是否随着叙事的推进与某一主题结合起来。

3. 伦理修辞和美学修辞

詹姆斯·费伦的伦理修辞观突破了韦恩·布思注重叙事对读者的单向影响，强调探讨作者和读者的意识对叙事建构的双向影响。《作为修辞的叙事》第八章以丹尼什·德苏扎教育叙事为反面素材，说明作者意识严重影响着事实、阐释和叙事之间的关系。第九章提出了"修辞的读者—反应批评"理论，"把修辞阅读定义为作者代理、文本现象与读者反应之间的循环关系"。在詹姆斯·费伦看来，读者的意识也参与"建构了文本"（147）。上述定义在拓展伦理修辞概念的同时，把文本（美学）修辞和作者读者的意识（伦理修辞）放在同等重要的位置。在探讨伦理修辞时，詹姆斯·费伦总是不忘其与美学修辞的相互关系。如在探讨叙事声音时，詹姆斯·费伦指出"可以在叙事者的语言中通过某种手法……表示出来"（21），在该著第四章最后以少叙法为例，探讨文本与叙事伦理的关系（74-76）。正因此，美国哥伦比亚大学教授麦克·艾斯肯（Michael Eskin 2008：796）认为詹姆斯·费伦的叙事理论结合了逻辑形式和伦理效果两个方面：

> 詹姆斯·费伦的修辞观显然藉助于其经典理论,不仅包含了形式和伦理,而且认为二者是相互关联的：叙事的逻辑形式……将影响我们对叙事者的情感反应,相应地影响了叙事的可读性。

（三）"作为修辞的叙事"与"作为修辞的小说"

"作为修辞的叙事"师承了"小说修辞学"的部分精髓。同韦恩·布思一样，詹姆斯·费伦关注文学叙事，其叙事修辞观也认为，当隐含作者、作者和叙述者所持的不同观点发生冲突，并引发读者思考，影响读者的判断和价值取舍，修辞意义随即产生。然而三十多年的时差及个体差异性也彰显无遗，韦恩·布思在《小说修辞学》1983年版的后记说明中把"作为修辞的小说"定义为"整部作品的修辞方面被视作完整的交流活动"和"修辞性的讲故事艺术"，以区分于小说中的"修辞惯例"。詹姆斯·费伦却没有区分"叙事中的修辞"和"作为修辞的叙事"。一方面，他认为叙事总是修辞的，在《作为修辞的叙事》的前言里，詹姆斯·费伦指出其始终不渝的努力是要阐明为什么说叙事是修辞的。全书主要研究"作者代理、文本现象和读者反应之间的协同"（25）运作过程模式，而不仅限于韦恩·布思的伦理效果。在詹姆斯·费伦看来，叙事技巧、文体风格等，即便没有主题性模仿功能，也都将在叙事进程中起作用，推动事件发展同时，促进作者与读者的情感交流。另一方面，不同于韦恩·布思和申丹所持的狭义修辞观，詹姆斯·费伦借鉴了西蒙·查特曼模式，力图把伦理修辞和美学修辞结合起来，承认文本是一种修辞结构（2002：14），是"进入经验的入口"（2002：63），"技巧、形式、结构、文类和叙事成规……导致、丰富、干扰，或其他使作为修辞的叙事复杂化的各种方式"（2002：24）。《体验小说》则进一步指出伦理修辞和美学修辞的相互关联性，叙事进程寓于文本和读者的动态发展（2007：3），文本是作者用来影响读者的特殊方式（4）。"在修辞伦理方面，叙事判断是由内而外，而不是由外而内的"（2007：10），作者主要通过文本的形式和风格等要素来引导读者的观察和判断。最后，不同于韦恩·布思的"作者在决定文本意义方面的重要性"，詹姆斯·费伦强调"作者、文本现象和读者反应中间循环往复的关系"（2002：24）。可见韦恩·布思的作者、读者都是理想型的，情感和杂念成分较淡，詹姆斯·费伦提出了交际者情感和价值观等因素都参与了叙事过程（2002：15），但没有继续深入挖掘此类因素。从根本上来说，詹姆斯·费伦的叙事修辞理论是建立在韦恩·布思的小说修辞理论基础上，是韦恩·布思理念的一种延伸。

二、《修辞叙事学》

麦克·卡恩斯是美国印第安纳州大学的英文教授，在准备叙事学课程资料时，麦克·卡恩斯发现"叙事学迫切需要一种修辞转向，同时又不能丢掉在过去为叙事学发展立下汗马功劳的技巧策略……热奈特关于结构策略的精彩论述与读者反应紧密相关，布思'隐含作者'等关键概念也吻合了言语行为理论"（Kearns 1999：x）。于是《修辞叙事学》应需而生。麦克·卡恩斯的初始目的是要"在言语行为理论的基础上，构建一种整合修辞和结构主义的方法来研究叙事"（Kearns 1999：ix）。也有评论者认为该著"主要建立在热拉尔·热奈特的结构叙事学"基础上。（Eleni Anastasiou 2000：155）笔者认为该著彰显更多西蒙·查特曼式风格，而且麦克·卡恩斯的视域更为开阔。麦克·卡恩斯普采了百家之长，力图融合以热拉尔·热奈特、西蒙·查特曼为代表的语言学派叙事修辞技巧理论和以韦恩·布思、詹姆斯·费伦为代表的文学伦理修辞理论等观点，并坦言如果热拉尔·热奈特的《叙事话语》和韦恩·布思的《小说修辞学》结合起来，就包容了整个叙事领域。（1999：7）

全书分成五部分，在第一章，麦克·卡恩斯指出"尚无理论能把叙事学用于分析文本的工具和修辞学用于分析文本、语境之互动关系的工具结合起来"（2），故提出以言语行为理论为基础的"修辞叙事学"，以弥补这一空白。麦克·卡恩斯是一个强烈的语境理论提倡者，坚持在特定的语境里，包括信息类和劝说类的任何言语行为都有叙事的可能。（2）叙事作为一种话语，包含了作者、读者、文本和语境因素之间的互动。在梳理评介了叙事学的历史及存在问题之后，麦克·卡恩斯点明其作品将以言语行为理论为重要工具，探讨各种叙事因素如何作用于读者的解读，指出关联理论、合作原则和语境理论等，为读者解读作者的话语提供了极其重要的依据。（43）

第二章聚焦于读者解读叙事所依赖的三种元惯例（ur-convention）。麦克·卡恩斯的叙事读者理论主要"研究读者在叙事过程中可能采取的各种角色"（49）。彼得·J.拉比诺维茨（Peter J.Rabinowitz）提出了"作者的读者"的元惯例，麦克·卡恩斯进一步指出应用"叙述读者"（Narrating audience）替代叙事读者（Narrative audience），以"凸显阅读的动态互动性特征"（55）。在苏珊·S.兰瑟（Susan Sniader Lanser）的"自然化"元惯例基础上，麦克·卡恩斯的修辞叙事理论关注读者处理叙事时对真实生活中的百科知识及组织这类知识框架的自动运用。詹姆斯·费伦提出了一种动态的灵活"进程"元惯例，指出"不稳定"和"张力"是推动叙事进展的动力（Phalen 1989：15），麦克·卡恩斯用关联理论来解读那些貌似缺少"不稳定"和"张力"的情况。第三章关注多重叙述者和多重受众及其修辞性互动关系（同上：84），并提出了第四个元惯例，"众声喧哗"，指小说中的多重叙事声音。麦克·卡恩斯还关注了小说副文本和隐含作者之间的关系及叙事声音层次、叙事层次、聚焦者等概念在情境中如何产生言外（后）之意等。第四章主要从情节与主题的关系、性别叙事、时间和引语四个角度，探讨"修辞叙事学"策略的实际应用。麦克·卡恩斯的"修辞叙事学理论的一个基本原则是任何语言片段的使用都会产生言语行为和言后行为"（128）。语境是决定言后行为的关键因素，第五章是实例分析。

此外，麦克·卡恩斯的两篇论文《关联、修辞和叙事》（2001）和《伦理、道德和叙事结构：理论和回应》（2002）均进一步阐释了上述主题。

三、《修辞叙事学》与《作为修辞的叙事》

《修辞叙事学》综合了此前主要叙事修辞理论，此外麦克·卡恩斯还博采了语境理论和言语行为理论等领域的重要成果，把叙事尤其是涉修辞理论的一些关键要素，如隐含作者、读者、叙述性、事件、引语等的研究，向前推进一步。下文以《作为修辞的叙事》作为参照,简评麦克·卡恩斯理论的主要成就。

首先,在宏观层面上,麦克·卡恩斯用语境理论、言语行为理论和关联理论等顺利打通横亘在叙事技巧(语法)和叙事效果(伦理效果)两大派系之间的壁垒。这是叙事修辞理论史上的一次历史性突破。"修辞总是对特定语境特定时间里的文本与读者的互动感兴趣。"(Kearns 1999:8)麦克·卡恩斯十分强调语境在确定叙事标准方面所发挥的作用,"文内任何东西不能确保其成为叙事"(同上:3)。当然客观地说,詹姆斯·费伦修辞叙事理论也注意到语境的重要性,试比较下面两段论述:

> 当我谈论作为修辞的叙事时,或谈论作者、文本和读者之间的一种修辞关系时,我指的是写作和阅读这一复杂和多层面的过程,要求我们的认知、情感、欲望、希望、价值和信仰全部参与的过程。
>
> (Phelan 1996:23-4)

> 我想用修辞叙事学覆盖这一共享区域,以表明处于本学科核心地位的是与声音和读者也即与作者、读者、文本和各种语境之间互动直接关联的话题。
>
> (Kearns 1999:30-31)

詹姆斯·费伦所描述的语境更为具体但也较狭隘,仅限于交际者因素,忽略社会文化等层面的语境因素。麦克·卡恩斯"各种语境"一词更概括,因此可能更宽泛。各自随后的论述也证明了这一点:詹姆斯·费伦接下来的论述,主要局限于文本内各因素和作者读者的多重身份;麦克·卡恩斯则更多地把叙事看作特定语境中话语交际者之间的互动性活动。如果说詹姆斯·费伦的叙事理论注重无标记叙事的修辞策略,麦克·卡恩斯的理论由于关注合作原则、关联理论等及更广阔的社会语境因素,因而更注重有标记叙事的修辞策略。

麦克·卡恩斯还运用合作原则和关联等理论,解读了各种无标记和有标记的叙事策略及言后意义:如叙述性(第一章)、自然化、进程(第二章)、隐含读者、叙事层次(第三章)、时态和引语(第三章)等。麦克·卡恩斯认为合作原则和关联理论都有助于读者解读和提取叙事话语的修辞目的和意欲效果。

第二，麦克·卡恩斯提出了动态"读者"观。彼得·J.拉比诺维茨提出了"四维"读者观，包括实际读者、作者心中的理想读者、叙述读者和理想的叙述读者，并指出"读者在阅读中将根据叙事情景而采取不同角色"（Rabinowitz 1998：20）。詹姆斯·费伦接受了四维读者观并研究"充当不同角色的读者"之间的相互关系。（申丹 2005：250）麦克·卡恩斯的读者观更是向前迈进了一步，以言语行为理论为依据，提出了动态的读者角色观，"文本赋予读者的角色和读者在交流过程中所采取的角色"，"能随时相互转换"（1999：50），同时强调阅读的动态和互动属性（55）。在 2001 年发表的论文《关联、修辞、叙事》中，又强调了阅读活动对文本外因素的依赖，"作者读者的阅读策略体现了关联理论的交际和认知原理"（Kearns 2001：82）。对麦克·卡恩斯来说，真实读者能否成为叙事读者，关键看读者是否相信叙事声音，而不是彼得·J.拉比诺维茨等所认定的"必须接受叙事是真实的"（1998：96-97），因为读者建构的是叙事意义而不是文本意义，是对静态的文本所进行的动态解读，而不是真正建构动态文本。

麦克·卡恩斯理论的第三个突破点在于其发展了詹姆斯·费伦关于叙事的"不稳定和张力"理论。詹姆斯·费伦把不稳定和张力看作是叙事进程的关键要素（2002：86，1996：91），这一提法很好地应答了希利斯·米勒（2002）对传统叙事结构的挑战。麦克·卡恩斯在肯定詹姆斯·费伦理论的同时，指出现代小说中经常违反这一原则，并用合作原则来阐释叙事者违反该原则的目的所在，"暗示了慵懒散漫的叙述读者和意识到生活的复杂难料的作者读者之间的张力"（1999：61）。在《关联、修辞和叙事》一文里，麦克·卡恩斯进一步指出"当叙事者提出了与可推测出来的作者的读者相反的价值观，或当叙事者的言语行为破坏了叙事声音所构建的世界的关联性，则读者就能体会到这种张力"（2001：86）。

麦克·卡恩斯最突出的贡献在于其成功融合了的叙事修辞理论两大派别，在言语行为理论框架内，以语篇叙事为参照，运用语境规约理论、认知关联理论等来分析和解读非语篇叙事。其不足之处在于"逻辑混乱"（申丹 2005：256），主要表现为前后矛盾，如在前面过于强调语境的作用，认为"恰当的语境几乎可以让读者将任何文本都视为叙事文，而任何文本都无法保证读者这样做"（2）。

实际上全书的分析并非如此绝对，麦克·卡恩斯始终没有举出一个有说服力的实例。作者在分析已有理论之后总是聚焦于文本中的反常规现象，这些违规总是在文本层次上，并未涉及受语境制约的文本外现象。

第四节　叙事修辞理论体系：整合与调适

本章前三节梳理了叙事修辞理论的发展历程，论述了主要流派的叙事修辞观点。叙事修辞理论从经典叙事结构修辞理论（克劳德·布雷蒙、罗兰·巴特、茨维坦·托多洛夫和早期的热拉尔·热奈特），经历了注重叙事修辞技巧（早期的热拉尔·热奈特、西蒙·查特曼等）和叙事效果（韦恩·布思）的相互对峙阶段，再到当前注重结合叙事技巧与伦理效果的较为成熟阶段（韦恩·布思、热拉尔·热奈特、詹姆斯·费伦和麦克·卡恩斯等）等。

一、已有叙事修辞理论成就简评

克劳德·布雷蒙的功能要素、罗马·巴特的叙述层和茨维坦·托多洛夫的叙事模式理论等皆致力于叙事的故事层面，集中于探讨叙事的普遍语法，关注"说什么"。热拉尔·热奈特的《叙事话语》等相关作品则将叙事理论研究提升到叙事话语层面，关注"如何说"，但由于对叙事效果缺乏足够的重视，而遭到了以伦理修辞为重的文学叙事修辞理论界的忽视。韦恩·布思的"小说修辞学"理论注重作者对"讲述"技巧的有意识选择，但至于读者，其能动性仅限于对完成文本的静态解读。西蒙·查特曼是区分伦理修辞和美学修辞的第一人，试图包容分别以韦恩·布思和热拉尔·热奈特为代表的相关理论；詹姆斯·费伦的相关理论基本上在韦恩·布思的框架基础上进行拓展的；麦克·卡恩斯则步西蒙·查特曼的后尘，成功地运用语境和言语行为等理论，融合了文学伦理修辞理论和语言美学修辞理论，注重叙事与文本外各种语境因素的互动。上述叙事学的修辞理论和其他后经典叙事学各分支一起为濒临困境的经典叙事学研究注入了活力，结出丰硕成果，目前广泛运用于叙事评论实践中。

二、主要问题

然而已有叙事修辞研究也有诸多不足之处，主要归纳如下。

(一) 命名不统一、概念界定不明确

目前学界对"修辞叙事"的界定相当含糊，没有统一的命名，更没有统一的定义。在国内，"修辞性叙事"一词身陷被滥用之嫌，无论是韦恩·布思"小说修辞"理论，詹姆斯·费伦的"作为修辞的叙事"，还是麦克·卡恩斯的"修辞叙事学"都被译成"修辞性叙事"。实际上，三概念之间存在着显著的差异。韦恩·布思的小说修辞理论主要探讨小说的叙事技巧；詹姆斯·费伦的"作为修辞的叙事"主要关注的是叙事作者、文本和读者的交流关系；麦克·卡恩斯的修辞叙事学则主要强调特定语境中的叙事后效果。

韦恩·布思在1983年版《小说修辞学》说明中区分"小说中的修辞"和"作为小说的修辞"两个概念。前者指可辨认的修辞惯例（手法），后者指"修辞性的讲故事艺术"。但是韦恩·布思的定义忽略了修辞目的（Chatman 1990：187），也没有意识到叙事效果对文本形式的依赖，"没认识到文本的内在结构与它们的外在效果之间的紧张关系"（迈克尔·雷夫 1998：288）。西蒙·查特曼在研究韦恩布思理论基础上，指出叙事作品应包含美学修辞和伦理修辞两个方面，前者说服读者接受叙事文本，而后者劝说读者接受叙事本身。（188-189）麦克·卡恩斯1999年提出了"修辞叙事学"概念，但也没有给出明确的定义，麦克·卡恩斯的理论应该归入"作为修辞的叙事"，因为他关注的还是特定语境下叙事的修辞效果。

目前最完整也最具影响力的定义是詹姆斯·费伦1996年所界定的"作为修辞的叙事"。该定义首次把叙事作为一个携带叙事者目的的行为，而不仅仅是一个修辞维度。（Phalen 1996：8）目前国内外学者在研究叙事的修辞性问题时，总是把詹姆斯·费伦的定义奉为典范。申丹2005年在评论西蒙·查特曼叙事修辞理论时，即以詹姆斯·费伦的定义为依据。然而詹姆斯·费伦的定义尚有诸多不足之处，

首先该定义以"目的"作为判断叙事修辞性的依据，然而没有对"目的"概念加以界定。任何叙事可能有多种目的，如某一叙事策略的文内目的、叙事的文本外伦理教育目的及叙事语篇对其上位语篇的服务目的。《作为修辞性叙事》前言部分关于叙事目的分析，主要围绕叙事语篇中多层叙事间意识形态上的服务功能，詹姆斯·费伦的阐释揭示此类目的具有诸多不确定性（2002：14-22），正是这些不确定性为读者的情感价值参与提供契机，詹姆斯·费伦同时忽略了叙事语篇外的服务功能。其次，该定义过于宽泛，詹姆斯·费伦的定义仅关注了叙事内容所产生的叙后效果，忽略了文本内韦恩·布思式的"修辞惯例"，也即叙事方式，任何文本的叙述方式都具有目的性，正如韦恩·布思所言，纯展示是不存在的，任何叙事都是作者为了特定目的而采用的特定表达方式。再次，与目前主流叙事理论相同，该定义仅囿于狭隘的文学叙事。

（二）以偏概全的叙事修辞理论

已有叙事修辞理论，无论是韦恩·布思"小说修辞"理论、詹姆斯·费伦的"作为修辞的叙事"，还是麦克·卡恩斯的"修辞叙事学"，都存有一个以偏概全的问题，以上位概念"叙事学"命名实际上仅限于下位概念中的"文学叙事"。在1991年的《虚构与行文》里，热拉尔·热奈特认识到早年错误地用"叙事话语"命名仅限于文学叙事的作品，并做了自我批评。（2008：102）

随着后经典叙事学的跨学科热潮的兴起，学者们开始关注文学以外的叙事，如历史叙事学、新闻叙事学等非文学叙事研究也日渐兴盛。与此同时，叙事修辞相关理论研究者也都注意到了文学以外的叙事，美国主要叙事修辞学者韦恩·布思（1988：13）、西蒙·查特曼（1990：6）、麦克·卡恩斯（1999：22）都曾注意到非文学叙事现象，并做了一定的描述，如西蒙·查特曼（1990：11-20，189-191）曾简单地比较了论辩和描写语篇中叙事；杰拉德·普林斯（1992：409）区分了叙事陈述和叙事语篇，前者可以作为非叙事语篇如议论和描写的一部分。中国学者胡曙中也分析了说明文里的叙述与一般叙述文的不同之处（2005：84），黄国文区分了叙事广告语篇和广告语篇中的叙事模式的异同（2001：194-206）。

然而遗憾的是，已有涉非文学叙事修辞的相关探究大多浅尝辄止，流于表面现象的描述。受到叙事学者们各自研究兴趣的影响，这些发现并没推动他们做进一步的相关研究。或许对他们来说，非文学叙事仅是文学叙事的一种不重要的变体，基于文学叙事的相关理论原则上适合所有的叙事（韦恩·布思 1987：420）。这充分体现在他们的作品名称，两本以修辞叙事命名的专著《作为修辞的叙事》和《修辞叙事学》全部聚焦于文学叙事，想当然地以文学叙事替代所有的叙事。麦克·卡恩斯坦言其所有例子都来自虚构叙事（1999：46）。热拉尔·热奈特在《虚构与行文》一文里开辟专章"虚构叙事与真实叙事"，讨论文学叙事与非文学叙事的异同点，但其作品中所举例子仍然是以文学叙事为主。

这也是目前叙事学领域里的一个普遍现象。"经典叙事学从未真正跨出文学之门"（Herman 2002：149），这种现象延续至今，尚无较大改变。其实后经典叙事学也很少顾及叙事语体以外的叙事，人们默认存在一种通用的叙事学，而实际上所谈的却只是文学叙事。（杨世真 2007：26）

（三）非叙事主导型语篇中的修辞性叙事鲜有问津

如上所述，"修辞性叙事"一词被用来指称文学叙事语篇中与修辞目的和效果相关的诸现象。至于非叙事主导型语篇中的真正作为一种修辞手段的修辞性叙事，无论是在国内还是国外的叙事理论界皆没得到应有的重视。

虽然，两千多年前的亚里士多德、当代西方叙事学者西蒙·查特曼、杰拉德·普林斯和中国学者胡曙中、从莱庭和黄国文等都就语篇叙事和非语篇性的话题做了一定的研究，然而已有相关研究尚不够成熟，理论探究方面留有余地。

三、叙事修辞理论的框架体系

以上分析告诉我们，叙事作品中的修辞现象非常复杂，叙事修辞既有文本结构修辞，又有叙事效果修辞，还有修辞手段等。不同的叙事学者从不同的角度出发，研得出不同的叙事修辞体系，其间的交叉融错不可避免，因而形成了目前这一领域剪不断理还乱杂象环生的局面。对此我们不妨尝试借用詹姆斯·费伦"作为修辞的叙事"一词来统括叙事语篇文本里的各种修辞现象，既包括组织语篇各要素的篇章修辞（亚里士多德的布局谋篇、西蒙·查特曼的美学修辞）和语篇内语言修辞（美学修辞），也包括语篇内各事件之间（功能要素等）及各叙事层次之间（詹姆斯·费伦的目的）的相互关系、语篇内事件与篇外现实世界之间的互动关系（韦恩·布思等的"伦理修辞"）；至于非叙事主导型语篇中的叙事，鉴于其特殊的作为修辞手段的修辞属性，用"修辞性叙事"来指称，此类叙事是作为一种修辞手段来辅助实现其上位语篇（不同体裁）的目的（详见第三章分析）。修辞性叙事与作为修辞的叙事均属"叙事修辞"的一部分。具体如图2所示：

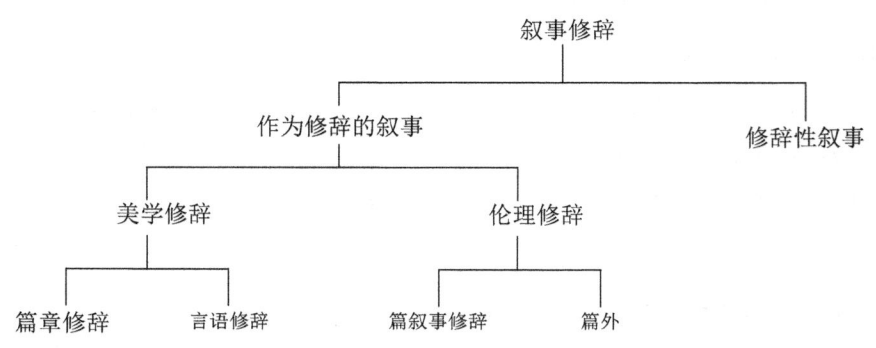

图2　叙事修辞体系图示

当然上述区分归纳并非是绝对，而只是权宜之计，各分支之间不可避免地存在一定的交叉关系。其中，美学修辞注重语篇结构，其源头是经典叙事学的叙事语法；伦理修辞是通过叙事（美学修辞）揭示一定的伦理道德问题，对读者心理进行一种教化。二者之关系实质是文本的修辞策略与文本主题的互动，美学修辞是实现伦理修辞的物质基础，同样美学修辞的价值也必须通过伦理修辞得以升华。目前学界关于二者之间关系的讨论已较成熟。

然而，作为非叙事语篇的附属性成分，修辞性叙事与"作为修辞的叙事"语篇及嵌入叙事、次叙事等概念之间也存有一定的交叉关系。在篇章组织和修辞功能等方面既相互区别又相交叉，如詹姆斯·费伦1996年的研究揭示了《魔法》等语篇内故事之间的修辞关系履行了与修辞性叙事十分相似的功能，目前学界对这些方面的探索尚不够充分，因此下文将聚焦于这一备受冷遇的灰色地带，尝试建构修辞性叙事的理论框架，探索演讲语篇中的修辞性叙事特色，以为演讲等实用性语篇写作提供切实可行的借鉴。

小　　结

本章首先在叙事理论的三个发展阶段基础上，提出叙事修辞理论相应的三个发展阶段，并探讨了叙事的修辞性问题。叙事与修辞关系之讨论始终贯穿于叙事修辞理论的整个发展历程。半个世纪以来，围绕着叙事的修辞属性，韦恩·布思、热拉尔·热奈特、西蒙·查特曼、詹姆斯·费伦和麦克·卡恩斯等做了深入研究，取得了具有一定现实意义相当成熟的理论成果，并在指导文学分析实践发挥着重要的指导作用。已有叙事修辞理论相当透彻地研究了叙事作品中的关于修辞的三个维度：叙事的语篇修辞、叙事整体作为一种修辞而产生某种言后修辞效果及叙事语篇内部的修辞惯例。

现在的问题是已有叙事修辞理论研究主要还囿于叙事语篇的布局谋篇和叙事技巧与思想意识方面的互动所产生的效果，所有理论均忽视了叙事修辞的另一重要范畴，非叙事主导语篇中的修辞性叙事。针对已有的叙事修辞理论的不足，本章调整了"叙事修辞"理论体系，以便把此前一直为叙事修辞理论界所忽视的修辞性叙事，叙事修辞第四维度，也纳入其体系。第三、四两章将围绕这一主题进行深入彻底的探讨。

第三章 修辞性叙事理论建构

两个人做同样的事（尤其是两个人说同样的话），其结果显然是不一样的。

—— 乔治·卢卡奇

作为描写、说明和论辩等非叙事主导型语篇中所包含一个次语篇，修辞性叙事受到其上位语篇的体裁形式和语篇主旨的钳制，其叙事模式、修辞功能和形成机制等显然不同于具有独立成篇资格的语篇性叙事。本章将主要探讨修辞性叙事的四个方面：概念界定、哲学理论基础、语言学理论基础及修辞性叙事与其他各层次叙事的关系。

第一节 概　　念

随着后经典叙事学研究的不断深入和推广，"修辞性叙事"[1]这一概念对今天的国内外叙事学者来说并不陌生。韦恩·布思 1983 年区分了"小说中的修辞"（公开可辨认的修辞惯例等技巧）和"作为修辞的小说"（修辞性的讲故事艺术）；西蒙·查特曼 1990 年区分了伦理修辞和美学修辞；詹姆斯·费伦 1996 年出版了专著《作为修辞的叙事》，从伦理、意识形态、读者和作者互动等方面，详细探讨了"作为修辞的叙事"的建构技巧；麦克·卡恩斯 1999 年出版的《修辞叙事学》用言语行为理论和语境理论来解构"叙事与读者的互动"。中国学者申丹（2001，2002，2005，2014，2015）用"修辞性叙事"囊括了上面所有理论，国内学者纷纷效仿（尚必武 2008，2009，2015；唐伟胜 2004，2007，2015；谭善明 2009）。然而这些所谓的"修辞性叙事"大多仍是传统叙事语篇理论的延伸，仍囿于叙事文本，均漠视说明、论辩和演讲等语篇中的修辞性叙事。

上述理论在忽视非语篇性叙事同时，也忽视了不同语篇语境对叙事功能和模式的影响，想当然地认为文学叙事的形成机制和组织模式适合所有的叙事，抹杀

---

[1] 国内基本上用该词指称所有叙事修辞现象，然而我们认为这一概念所指的仍然是叙事语篇本身的谋篇技巧或叙事手段，而不是本作品所指的作为一种修辞手段的叙事。

了"作为修辞手段的叙事"和"作为语篇的叙事"之差异,因而无法揭示修辞性叙事的本质特色。美国叙事理论学者杰拉德·普林斯曾指出叙事"也许还可用作一种修辞,表明迄今为止尚未探讨过的叙事形式"(Prince 2005:379)。事实上,历史上不少学者如亚里士多德、西蒙·查特曼等都曾较详细地讨论过修辞性叙事,詹姆斯·费伦敏锐的视角也曾触及文学叙事中的"类"修辞性叙事[1],叙事主语篇辖制下的某一次叙事,行使了类似于说明论辩语篇中叙事的功能。但这一发现并没促使詹姆斯·费伦进一步探究其他语篇中的修辞性叙事。

所谓修辞性叙事是指在非叙事主导型语篇中,摘要讲述一件已发生事件以辅助实现文本中的论证、说明或劝服等语篇主旨。叙事与其所服务的上位语篇分属于两种不同体裁的语篇,其中的叙事是谋篇者用来实现其上位语篇主旨的一种修辞性手段,二者的融合依赖于叙事言语行为之后效果与上位语篇主旨的契合程度。

从语篇视角观察,修辞性叙事仅是其所依附大语篇里的一种修辞手段,属于典型语篇互文性叙事。修辞性叙事本身不具有独立成篇的资格,必须依附于其所寄生的主语篇。由于受到主语篇体裁的钳制,其结构模式必然偏离语篇叙事的惯例,在运行机制和布局谋篇等方面皆显然不同于叙事主导型的语篇叙事。

从运行机制方面看,修辞性叙事功能的发挥机制是通过叙事话语的言后效果间接运行的。谋篇重点不是事件信息传递本身,而是叙事者操纵话语所产生的特定叙事后效果,意在激发受众联想已有经验,操纵其情感倾向和价值判断向有利于非叙事主语篇宗旨的方向发展。叙事者通过言语行为(讲述了一件事)而表达了某种言外之意,希望在受众方面产生某种叙事(言)后效果。叙事者甚至不惜为此削足适履。

区分修辞性叙事与一般叙事的另一关键在于其独特的叙事外功能。同语篇叙事,修辞性叙事也是对过去已发事件的讲述,具有叙事功能。不同的是,语篇叙事以发生事件的信息为中心;而修辞性叙事的事件信息仅是谋篇者用来辅助实现叙事外功能的修辞手段。非叙事主导型语篇语境要求修辞性叙事以特定叙事方式

---

[1] 费伦所论及的故事层次(1996:11-12)与非叙事主导型语篇中的修辞性叙事具有类似的功能,因而我们暂称为类修辞性叙事。

辅助实现其上位语篇的主旨，修辞性叙事本身的叙事功能必须从属于叙事外的论证、说明等功能。衡量修辞性叙事的成败不再是事件信息本身，而是叙事后效果能否服务于主语篇修辞目的，或论证或说服等。如下句摘自奥巴马接受总统提名的演讲：

> When I listen to another worker tell me that his factory has shut down, I remember all those men and women on the South Side of Chicago who I stood by and fought for two decades ago after the local steel plant closed.

面对当时身陷经济危机而无助的美国人们，奥巴马在论及"民生"时，讲述了自己20年前曾支持并帮助芝加哥南部一钢铁厂的失业工人一事。该叙事表达模式高度概况简洁，人物（all those men and women on the South Side of Chicago）、行为（I stood by and fought for）和时间（two decades ago）的指称皆相当含糊。根源在于奥巴马叙事之意并非在"事"，而在"言外之意"（我以前这样，以后也会一如既往地支持关注民生和困难群体）和意欲的"言后之意"（希望受众能理解他、接受他并支持他当选总统）。通过对相似语境的诉诸和事件的叙述，奥巴马把倒闭工厂的工人和他所帮助的工人同一起来，成功地说服当前处于困境中的受众相信他如当选总统，定能帮助他们度过当前难关。

奥巴马演讲叙事的修辞目的显然不是韦恩·布思式的伦理修辞效果。对韦恩·布思来说，叙事的修辞属性是指伴随叙事信息而产生的社会教导作用（2009：187），是语篇叙事的一种附属性功能。而奥巴马叙事的重心是其修辞后效果，是要通过该叙事表明如果能当选总统，他会一如既往地关注民生，以此劝服受众可以放心地选他当总统。在《作为修辞的叙事》里，詹姆斯·费伦在建构其叙事修辞理论时，也曾涉及《魔法》中各种层次故事之间的关系，如女佣所述故事目的，作者的叙事、尼内特和女佣故事之关系等。詹姆斯·费伦的提问触及了文学语篇中的"类修辞性叙事"问题，同修辞性叙事一样，此类叙事也附属于另一语篇，并服务于其所寄生语篇的主旨。但二者具有明显的差异，类修辞性叙事是发生在叙事语篇之内，而且詹姆斯·费伦所举例子中各叙事层次之间的附属性关系并非明确。另外，类修辞性叙事本身也是一种虚构，可随作者和读者的建构需求而调整；而修辞性叙事的事件必须是真实发生在过去的具体事件，只能选择讲述哪些要素和忽略哪些要素，但绝不能随意添加编造要素。

以韦恩·布思、詹姆斯·费伦等人的叙事修辞理论为参照，笔者发现修辞性叙事与语篇叙事的修辞属性之区别主要体现在外部功能和内部形成机制两个方面。

1. 外部功能

叙事的外部功能是指通过讲述已发生事件而产生的某种叙事外效果和作用。任何一种语言现象根据被观察的角度不同就可能承担不同的功能。（魏继东 2006：45）从其作为语篇和作为修辞手段的视角来观察，叙事也具有各自不同的功能。首先表现在语篇建构功能上的不同，修辞性叙事作为非叙事主导型语篇中的次语篇，无独立成篇资格，一律依附于另一非叙事语篇，结构上的附属性特征十分明显，协助建构主语篇的论证框架、说明例证等体系。除了少量的语篇导向性叙事（详见第四章第二节相关部分的解释），修辞性叙事与上位语篇整体框架的逻辑关系较松散，即使省却或换上另一个完全不同的事件，丝毫不会影响其主语篇结构。从这个视角看，修辞性叙事仅是一种修辞手段，仅是其上位语篇的一个或多个修饰物而已。詹姆斯·费伦的"作为修辞的叙事"必然是叙事主语篇，甚或是一个独立的语篇，因而构成了语篇的主框架，任何细节的调整都会牵一发而动全身。即使詹姆斯·费伦所描述的类修辞叙事，其存在与否对前后文也将有着不同程度的影响。（详见詹姆斯·费伦 1996：11-13）

其次，修辞功能性质不同。叙事之后效果是修辞性叙事的中心，是其服务于上位语篇的依托，因而是修辞性叙事机制的重中之重。韦恩·布思的伦理修辞强调的是叙事的社会伦理道德教育，评价叙事之后修辞效果是看其能否有助于宣德性教育。修辞性叙事者追求的是其后效果对上位语篇主旨的有效服务上，评价修辞性叙事的关键在于叙事效果能否有效论证说明，是否契合其上位语篇主题。至于叙事本身的信息和主旨则是次要的，可以任意换成另一个能产生类似后效果的事例。如上文所提到的奥巴马演讲，其帮助芝加哥工人之叙事后效果与劝服人们选举他当总统无必然联系，奥巴马完全可以改为讲述他曾给予其他人的帮助。"作为修辞的叙事"的中心即是叙事信息本身，其伦理效果则是语篇信息的附属物，是读者在阅读体验叙事过程中所悟出的教导功能，任何叙事细节的改变都必然影响到其所属部分甚至全文的主题，也影响到整个叙事的伦理修辞效果。

再次，修辞功能发挥的途径不同。修辞性叙事的修辞效果是即时的和局部的，其叙事谋篇的主要目的服务于紧邻其上的语篇结构，一般不会越级兼顾更高层次的语篇需求；"作为修辞的叙事"则不受这一限制，其叙事效果可能是长远的和不确定的，依读者的不同解读而变化，语篇中各要素都受制于整个叙事语篇的总主旨。

可见，修辞性叙事服务于非叙事性的说服或论证等功能，一般是对受众已知事件的重述，叙事信息处于次要的地位。从言语行为理论角度来说，其重点在言后效果，主要目的是说服受众接受某一观点或采取某种行动，追求一种即时效应。"作为修辞的叙事"必须是首次叙事，事件主要内容必然为受众所不知，仍然以传递叙事信息为重。

2. 内部形成机制

叙事的内部形成机制是指建构一个叙事语篇所遵循的原则和程序，主要包括选择事件素材和建构叙事模式两个方面。根据上文的定义，修辞性叙事隶属于非叙事主导型文本，而韦恩·布思的"小说修辞"和詹姆斯·费伦的"作为修辞的叙事"等主要指涉语篇性叙事[1]。处于不同语篇语境的叙事，其形成机制也不尽相同，以呼应相应的叙事功能。

首先，事件选择的原则。

通过讲述一件已发生的事情，修辞性叙事借助于叙事之后效果服务其上位语篇的论证说明等目的。为此，修辞性叙事所选事件及其细节应有利于阐释其上位语篇的主题，叙事后效果必须与上位语篇主旨一致。如前文中奥巴马讲述其曾经对限于困境中的人们施与援助，有利表达其执政后关于"民生"方面的政策，如果在论及民族融合或外交政策时，上述叙事肯定不合适的。演讲叙事选材话题将

---

[1] 我这里没有像通常那样提出在文学文本里，因为这样界定不够科学：文学作品不一定都是叙事的，如抒情诗之类的；非文学作品不一定就没有叙事，近年来大量关于非文学的叙事的作品不断涌现；另外文学作品里可能也有修辞性叙事，如本章第四节的论述。

在下第四章第四节更详细展开。

从构成叙事的事件性质来看,叙事修辞所关注语篇中的事件属于传统意义上的虚构行为。叙事者在谋篇时,可依据行文需要任意修改事件的细节,读者阅读时也不会较真其信息源头。而修辞性叙事语篇中的事件则必须是真实发生过的,以有据可查的真实事件为原型。其说服论证功能部分源自于其可验证的"真",叙事者正是通过讲述真实事件获取某种言后效果,作为劝说受众接受某一观点或行为的手段。受众是在认定叙事为真的前提下接受劝说的,当然偶尔可见少量权威性的历史或宗教传说。

其次,叙事模式的建构。

叙事模式的建构是指叙事的语篇组织。不同于结构完整的语篇叙事,修辞性叙事能完整地叙述一件已发生的事件,至少能满足读者对该事件的建构。在此意义上说,修辞性叙事是一种完整语篇性叙事。但从语篇组织的视角看,特别是在演讲语篇中的叙事,其内部结构可能不完整,叙事者仅用一个小句甚或一个词组来履行一个叙事功能。在语篇统一性原理的制约下,叙事者通常只提供满足其论证说明所必需的材料,而不顾叙事结构的完整与否。从这种意义上说,修辞性叙事不是纯粹的叙事语篇,而仅是一种修辞手段,或者说是一种压薄了的叙事语篇。本章第二节将进一步阐述。

第二节 修辞性叙事理论的哲学基础

美国叙事学者马克·柯里曾感叹到"当代叙事学的优势就在于他有着丰富的理论资源"(2003:10)。无论是修辞学还是叙事学都具有包容性很强的跨学科特质,作为二者交叉性研究研究,修辞性叙事理论携有更明显的多元化气质。首要原因在于修辞性叙事所处语境的复杂性,一方面,作为一种叙事语体,修辞性叙事各元素组合也受制于一般叙事的篇章修辞规则;另一方面,修辞性叙事依附于其他语篇,附属性语篇的特殊身份决定了修辞性叙事必须接受上位语篇的体裁互文性制约,必须履行其所寄生的非叙事语篇赋予它的特殊任务,在这个意义上说，它是一种修辞手段（格），具有不同于一般叙事语篇的特点。身居于复杂的语篇互文情境中，修辞性叙事的合理建构和解读皆需要我们具有多元化理论思维模式，需要对实用主义和建构主义哲学理论及语篇语言学和言语行为等理论的运用和借鉴。下面将分别探讨修辞性叙事的哲学（本节）和语言学（第三节）理论基础。

哲学以思维与存在、精神与物质之关系为根本问题，意欲揭示事物的共性。哲学理论和观点是对自然规律的概括和总结，并在此基础上形成认识世界的一般规律和方法，因此对各学科的研究都具有重要的指导意义，"是所有研究的基石，最终及最根本的基础"（内坦森 1998：207）。修辞学也不例外，修辞学的本质是一种以语言为手段，以或然性为基础的交流艺术，目标是促使受众"改变态度和引发行为"（从莱庭 2004：73）。成功交流和引发改变均离不开理性的认识，包括对世界的认识和对受话者的认识，修辞学之父亚里士多德就非常强调受众和问题分析。

一、修辞学与哲学的历史渊源

修辞与哲学关系之讨论一直伴随着修辞学的历史，最早可追溯到古希腊时期的苏格拉底、柏拉图和亚里士多德师生之间关于修辞学和辨证哲学之关系的辩论。在批判传统政治修辞学的同时，柏拉图建立了一种学院式的哲学修辞学，指出真理本身不需要修辞学，但人们在追求真理的过程之中可能还需要借助修辞学和语言手段，此乃哲学修辞学的意义所在。柏拉图的学生亚里士多德则更加现实地看待哲学和修辞学之关系，分离出了哲学的理性（科学论证的真理）和修辞学习俗伦理性（根据日常习俗而认定的真理）。（余友辉 2005：25-27）亚里士多德承认绝对真理只有通过科学的论证才能取得，修辞学在发现绝对真理方面没有作用，但可以将真理传给无知者。在修辞学的主要说服环节中，起关键作用的仍是论辩，而论辩离不开对演讲者的人格和受众情感的诉诸（胡曙中 2004：441），其中习俗伦理发挥着不可替代的作用。亚里士多德试图建立一种不同于柏拉图哲学修辞学的修辞学哲学（辩证法逻辑意义上的）。（同上：28）

古罗马修辞学家西塞罗更为理性,认为哲学不具有掌握独断真理的能力,逻辑本身并不能推导出真理,而必须结合事实并借助于修辞学。(同上:46)18世纪的英国修辞学者惠特利,更进一步把即哲学问题看作是修辞学领域的根本问题,"修辞不是话语艺术,而是致力于掌握语言使用规律的哲学艺术"(I. A. Richard 1976:7)。在同一时期,乔治·坎贝尔对哲学和修辞学之关系进行了深入的思考,结果成就了修辞学史上第一部以"修辞哲学"命名的著作,从话语接受者的视角,借鉴"现象主义"、"经验主义"、"怀疑主义"和"自然主义"等哲学理论来解释种种修辞现象。

"20世纪的英语修辞学以认知和思想为其研究方向。"(胡曙中1993:134)世纪之初,I·A·理查兹的《修辞哲学》在批判已有研究的基础上展开对言辞意关系的深入探讨,试图揭示存在修辞符号和所指物体之间的关系。20世纪下半叶的新修辞学者们如肯尼斯·伯克、理查德·韦弗(Richard Weaver)和查伊姆·佩雷尔曼(Chaim Perelman)等都注重修辞与现实的关系(哲学性)。可见"语言和意义、伦理和思想、论辩和知识这些主题同时出现在20世纪各种修辞理论形成的每一个阶段之中"(胡曙中2004:457)。

中国修辞学经历了长达两千多年的摸索,直到20世纪才逐步形成较完善的体系。与讲究实用重哲理的西方修辞学理论相比,中国修辞学更是囿限于文体修辞的研究。有关修辞和哲学关系的讨论主要散落在各种修辞学著作中,没有形成完备的体系。"五四"新文化运动时期,随着新旧两派修辞学的论辩,中国修辞学进入了短暂的全面发展时期,出现了"修辞学研究领域开拓和趋向的多样化"(胡曙中1993:75)。中国修辞学家们开始了修辞与现实之关系的哲理性思考,最终催生了"实用修辞学"和"社会修辞学"等交叉学科。然而这个时期的研究也仅限于现象的描写,尚未上升到理论高度。20世80年代以来,得益于以胡曙中、刘亚猛等教授为首的一批中国西方修辞学研究者,中国修辞学与哲学之关系的研究开启了新的起点。胡先生等为西方修辞学和相关学科理论的引介、阐释和对比性探究等做了大量工作,胡先生的《英汉修辞比较研究》(1993)、《美国新修辞学研究》(1999)、《现代英语修辞学》(2004)、《西方新修辞学概论》(2009)、刘亚猛《论辩的力量》（2006）和从莱庭等《西方修辞学》（2004）等修辞学专著，引介了西方著名修辞哲学家理查德·韦弗、斯蒂芬·图尔明、肯尼斯·伯克、哈贝马斯和麦克卢汉等的修辞哲学理论，用以阐释和解答中国修辞学领域里长久难以解决的问题。胡教授等人的研究成果为中国的修辞研究注入了新鲜的哲学活力，打开一扇通向西方演讲修辞的哲学视窗。

二、叙事修辞理论的哲学气质

关于具体学科的哲学视角研究方法，南开大学王宏印教授指出了一般学科哲学视角研究要考虑的三个问题[1]：哲学、哲理、理论。王宏印指出哲学问题包括本体论（存在是什么）、认识论（人如何认识或得知）、价值论（有何用，即知识与人的利益关系）。王宏印从泛学科视角所总结的哲学理论为本作品研究提供了重要的指导。对照王教授理论，笔者发现古典修辞学中心是修辞的本体论，探究修辞是什么；18世纪乔治·坎贝尔的修辞哲学理论主要关注价值论的问题，修辞的价值是什么，可从其"修辞"定义中窥见一斑："使话语适合其目的的艺术或才能。"（1969：1）20世纪I·A·理查兹的修辞哲学符号三角关系主要关注"认识论"，人们如何认识修辞的价值。

作为跨叙事学和修辞学的交叉性研究研究，已有的叙事修辞理论承袭了修辞学的哲学气质，关注事件、事实和话语之关系。叙事修辞理论克服了结构主义叙事学局限于文本的弱点，韦恩·布思特别注重叙事的社会教化作用（价值），其倾听修辞学理论注重研究读者接受等问题。西蒙·查特曼、詹姆斯·费伦、麦克·卡恩斯等学者的理论均关注了受众接受问题（认识）。热拉尔·热奈特曾比较叙事与真实事件在时速、频率等概念之间的区别（热拉尔·热奈特1990），牵涉哲学之认识论、本体论和价值论等问题。

修辞性叙事的哲学视角也不容忽视。如本章第一节所论，修辞性叙事主要立足于事件的言后效果，叙事本身仅是一种手段，其功能的实现依赖于其叙事的言

---

[1] 2010年7月3—6日，在大连海事大学外国语学院举行的第四届中国外语中青年学者科研方法研讨会，王宏印教授做了《本原、关系与要点》报告。

后价值为读者所认识和接受。从修辞哲学的角度上来说，主要体现在叙事建构与真实事件（本体论）、叙事效果与现实功用（价值论）、叙事建构与读者的认知建构三方面关系（认识论）。其中价值论和认识论分别契合了哲学实用主义（何用）理论和建构主义（如何）理论。叙事与现实的关系不仅包括叙事与事实的关系，即叙事事件与真实事件的一致性问题（本体论）；还包括叙事与现实的关系，即叙事对现实的意义（有何实用价值），如叙事的辅助论证功能及对社会受众的伦理教育意义等。

从本体论的角度来看，同一般叙事一样，修辞性叙事也不是客观讲述真实发生过的事件。修辞性叙事者总是依据特定情景的实用目的（价值），对真实事件进行一种适度重构。在此过程中，实用主义和建构主义等哲学理论原则具有重要的指导意义。

三、实用主义哲学与修辞性叙事

本章第一节指出修辞性叙事一般是对真实事件的讲述，通过在受众方面产生某种言后效果，辅助实现其所寄生的上位语篇宗旨，所述事件的真假必须具有可验证性。不幸的是，叙事学已有研究成果证明此类叙事仍然是对客观事实的一种偏离，所"叙述的故事却根本无法确定……叙事的过程就是……在话语中为自己创造故事"（谭善明 2009：85）。对于同一件事情，处于不同情景中的叙事者会创造出不同的故事。大量的事实证明叙事者总是依据实用主义原则，对事实进行适当的改造，凸显事实中有利于修辞主旨的侧面，压制甚至省却不利及无关因素。

（一）实用主义哲学理论

"实用主义"一词，来自希腊文，是行为、行动、事业的意思。其发起者查尔斯·皮尔斯、威廉·詹姆斯和约翰·杜威等都是综合哲学理论的拥护者，该理论强调只讲实际效果，不讲原则。（徐永祥、贺善侃 1994：41）

1. 查尔斯·皮尔斯的指号论及"效果"论

查尔斯·皮尔斯的指号理论源自其"哲学三基本范畴"，即"性质"、"联系"

和"表征",分别对应着"可能的性质"、"现实的事实"和"将来的法则"。"表征"为可能性的实现提供中介,通过规则、经验和习惯获得。查尔斯·皮尔斯的哲学指号理论坚信认知的本质"是那种必须以指号为中介的关于某物之为某物的解释"(阿佩尔 2004:113),并强调"认知过程中人的行为的重要性"(Cobley 2001:242)。当查尔斯·皮尔斯的指号理论与语言学理论相结合,即形成了著名的符号三角关系示意图,在语言学界分化为语形学、语义学和语用学三学科,也构成了 I·A·理查兹的修辞哲学的理论支柱。(1976)

查尔斯·皮尔斯和其后继者均否认绝对真理的存在。在讨论符号三元素关系时,查尔斯·皮尔斯推导出一重要论点"效果即意义"。任何概念的意义都在于其所引起的效果,"实效和有用,是区分思想和事物是否有价值和意义的标准"(徐永祥、贺善侃 1994:45)。查尔斯·皮尔斯自己将之称为经验主义。美国另一实用主义哲学家威廉·詹姆斯继承和发展了查尔斯·皮尔斯的"经验主义"。威廉·詹姆斯认为"纯粹经验"是世间万物之源,万物是人们依据兴趣和愿望从"经验"中分割出来的,并可能升华为特定时刻的真理。因此从先验的命题里提取的真理,是人们应付环境的方便工具、权宜手段,并可能依据后来所获得的经验而改变。(艾耶尔 2005:90-95)

2. 约翰·杜威的工具主义

约翰·杜威被称为"实用主义神圣家族中的家长",主要缘于其把实用主义理论作为一种工具,加以推广到社会政治教育等实践领域中去,并在世界范围内产生了极大的影响。不满于传统哲学把经验仅看作是一种认识论的范畴,约翰·杜威指出哲学应是行动、实践的哲学,提出了实验—探索的"思想五步说",把思想、概念、理论等都看作是为达既定到目的而设计的工具。此外约翰·杜威发展了查尔斯·皮尔斯的"效果即意义"理论,提出"真理即功效"。

(二)修辞性叙事与实用主义哲学的契合点

首先,与一般哲学的追求"绝对真理"和"必然性"不同,查尔斯·皮尔斯的指号三元关系揭示了"可能的性质"、"现实的事实"和"将来的法则"之间的关系,并强调经验习惯等的重要性。威廉·詹姆斯的"彻底经验主义"更是把最终的结果、收获、效果作为研究各种现象的重点,而这一切又常常与个体的直觉体验和价值观密不可分:任何可能带来利益或成功的现象即可为我所利用。

这与修辞学倚重"或然性"的理念不谋而合。在《修辞学》里,亚里士多德强调所有的论点必须以或然性为前提,演讲劝说必须以听众认定的真理(而不是绝对真理)为基础。(Kennedy 1991:34)新修辞学代表人物理查德·韦弗,明确指出辩证法和修辞学都是在或然性的范畴中起作用。修辞劝说的着眼点并非过去已发生的事实,而是能否引导受众关于现实与将来之可能关系的想象。修辞话语的价值并非取决于其字面语义,能否通过激活受话者过往经验和情感因素,操纵受众认定某种将来可能性极为关键,决定着修辞活动的成败。就修辞性叙事而言,同实用主义哲学一样,其最终的效果(受众领会并接受)即为该叙事意义。为此,叙事者必须深入了解受众的情感价值和现时心理状态,要利用受众现有认知模式引导其转向演讲者所期望的方向发展。折射在取材层面上,则表现为仅选择有利于主题的事件和细节,甚至出现"削足适履"和"断章取义"的现象。如17世纪,英国作家米尔顿在其诗歌体政治演讲《失乐园》中,对"撒旦"反抗天庭的行为加以歌颂。撒旦在西方基督教里是"恶"的代表,他聚众反叛天庭后,被打入地狱仍不屈服。作为一个坚定的基督教徒,弥尔顿并非真正赞赏"撒旦",而是修辞性地借用其"不服输"性格来鼓舞当时士气低落的革命派,希望他们不要气馁,坚持斗争。

其次,约翰·杜威的工具主义理论也吻合了修辞性叙事的工具性特征。修辞学的本源是一种说服工具,西方修辞学产生于古希腊的法庭演说辩论,"主要还是一门起规定性作用的学问"(胡曙中 2004:429)。亚里士多德把修辞学定义为"一门发现适用于任何主题的劝说方式的艺术"(Kennedy 1991:14)。也正是在朴素民主制的古希腊社会里,作为一种法庭论辩工具,演讲具有强大的功用性,从而使得演讲教学和专门研究演讲的修辞得以昌盛。

修辞学家们历来强调修辞学的实用性。18世纪,乔治·坎贝尔的修辞定义"用话语来适合其目的的艺术或本事",再次重申了修辞学的工具性质。20世纪美国修辞学家伯克认为修辞学是人类寻求或者保持等级社会秩序的一种特殊手段,是"表示力量的工具"(胡曙中 2004:362)。比利时哲学家查伊姆·佩雷尔曼则把修辞作为哲学研究的一重要方法,甚至作为知识社会学的方法论。可见修辞学主要是一种实用技巧和工具，只要是有利于达到某种期望的目的即是好的修辞，契合了实用主义哲学的"效果即意义"、"真理即功效"等理念。这些理念在中国现当代修辞理论中也相当普遍，如汤振常1905年出版的《修辞学教科书》强调"修辞学应属于应用的方面，故为技术而非学问"（宗廷虎、吴礼权 2008：96）。20世纪20年代末，何爵三提出了"修辞最大的目的应是用最有效的方法传达思想感情"（同上：133）。吴士文、唐松波在《公共关系修辞学》赋予修辞以"一言可兴邦"的巨大实用意义。（1989：32）1953年，张志公出版了新中国第一个以实用性著称的修辞体系《修辞概要》。

修辞的实用工具性质也可从中西修辞学繁荣与衰败的历史变更中得到验证，西方古典修辞学诞生于古希腊朴素民主之下演讲实践，而当时的中国却处于集权专政的封建社会，演讲实践无可发挥的市场。这致使我国修辞学成立标志的《文则》比《修辞学》晚了一千多年。虽然春秋战国时期诸子百家的争鸣带来了少时的繁荣发展，但仅限于社会精英层，且在中国历史上属于昙花一现。中世纪西方进入集权统治时期，修辞学便随之退化为文体学研究和写作教学。随着现代民主制度的发展，古典式演讲修辞学又渐兴盛。可见只有社会需要，只有其实用功能得以施展，修辞学才能保持旺盛的生命力。

修辞性叙事更是一种说明论证工具，是叙事者用以实现说明、论证、劝说等叙事外功能的手段。为此，叙事者必须根据特定谋篇目的来组建语篇，发挥叙事语篇的体裁潜势，以凸显焦点、激发受话者的不同联想和生产其所期望的言后效果。实用主义哲学的指号三元关系、经验主义、效果即意义及工具主义等理论，为解释修辞学特别是修辞性叙事领域的相关问题（如叙事建构原则、价值评估等）等提供了理论基础。比较下列两例：

> Its vitality was written into our own Mayflower Compact, into the Declaration of Independence, into the Constitution of the United States, into the Gettysburg Address.
>
> （Franklin D. Roosevelt, 1941）

> From our revolution, the Civil War, to the Great Depression，to the civil rights movement, our people have always mustered the determination to

construct from these crises the pillars of our history.

（William J. Clinton, 1993）

以上两段分别取自美国罗斯福和克林顿两位总统的就职演说，相隔半个多世纪的两篇就职演讲词从不同视角简要回顾了美国历史。不同历史细节的选择是为了服务于各自演说宗旨，凸显了各自修辞目的。带领美国人们成功走出史上最糟糕的经济危机，罗斯福第三次当选总统，其就职演讲词中的得意和自信之情溢于言表。罗斯福在此以美国历史上"新（New）"事件：到达新大陆、颁布独立宣言（取得独立）和解放黑奴等具有重要历史进步意义的荣耀事件，激励人们不要停滞，继续攀登新的高点。1993年，在新一轮危机袭击美国时，克林顿临危受命，其就职演讲词聚焦于美国历史上人们集体克服重大危机的事件：革命战争、内战、大萧条和民权运动，鼓励人们凝聚信心，以克服当前的经济困难。

两位演讲者都有效地依据各自演讲劝说目的选择不同的历史细节，充分践行了"有用即为真理"的原则。可见实用主义哲学为修辞性叙事的选材和价值评估提供了理论依据和指导原则。

四、建构主义哲学与修辞性叙事

这一部分将探讨修辞性叙事价值实现的运行机制，即话语实践者如何建构和获得修辞性叙事价值，牵涉建构主义及与之相关的读者反应等理论。

（一）建构主义哲学起源

作为西方心理学、哲学的一个重要流派，建构主义是瑞士心理—哲学家让·皮亚杰（Jean Piaget）在20世纪二三十年代首次提出的，该理论揭示了儿童认识世界的"同化"与"顺应"两个过程。在此基础上，前苏联著名心理学家维果茨基（Vogotsgy）进一步提出了"文化历史发展理论"，强调社会历史条件在学习过程中的重要作用。（维果茨基 1997：57）20世纪50年代以后，皮亚杰带领"日内瓦学派"开始了对建构主义进行拓展性研究。60年代以后，建构主义理论与教学、社会学、政治学等学科领域的研究相互融合，随着该学派理论不断推广运用，各种跨学科建构主义研究应运而生。

(二) 建构主义与修辞性叙事

建构主义世界观认为现有世界不是先验的、自在的,而是世界体系的施动者(即人)根据共有观念建构的,因此是可变的。人对世界来说不是无为的,而是积极的施为者,总是以先前经验为基础,通过与外界的相互作用来处理自己与周围世界的关系。建构主义世界观对我们正确理解和运用修辞性叙事具有重要的理论指导意义。

既然世界是可变的,并携有主观性,语言是传递有关世界知识的主要工具,因此语言所反映的世界也具有主观性。维特根斯坦的"语言游戏说"也揭示了语言意义的可操作性,可随人的意愿构建不同的世界。(陈家映 2003:157)相应的,通过语言手段建构的任何叙事世界都具有主观虚构成分。语言学家韩礼德的研究也揭示出"语言使用者通过与依赖语言观察世界"(丁建新 2007:77-107)。韩礼德仅说了一半,其实语言还能创造和构建世界,不同叙事语言也构建了不同的世界,因为"社会表征是一个修辞化的过程"(曲卫国 2008:116)。修辞性叙事是通过语言手段,为受话者提供关于发生在过去事件的知识。从空间叙事学的视角来说,叙事是用语言构建起一个个现在、将来或已经逝去的时空世界。根据建构主义世界观,我们在建构叙事世界时,可充分发挥我们的施为能动性,利用语言建构世界的各种策略,操纵叙事世界朝向有利于我们的方向发展。韦恩·布思曾明确指出:"叙事移植并强化了其所依赖的某种意愿规则。"(Booth 1988:272)如下段选自美国 19 世纪女权主义者苏珊·安东尼的著名演说《妇女的选举权》:

> It was we, the people; not we, the white male citizens; nor yet we, the male citizens; but we, the whole people, who formed the Union. And we formed it, not to give the blessings of liberty, but to secure them; not to the half of ourselves and the half of our posterity, but to the whole people—women as well as men.

在讲述组建联邦一事时,安东尼强调"是我们全体人民而不仅是男性公民,在当时组成了这个联邦"。运用排比和对比等修辞手法,演讲者建构了两个空间:

过去包括女人在内的全体人民建立了联邦，以保证所有人民而不仅限于男人安享自由和福利；现在联邦政权仅为男人把握，女人被排除在外，没有选举权。通过两个叙事空间的对比，安东尼认为这是不公平的，呼吁曾为建立联邦而付出辛苦的女性继续争取自己的合法选举权。同样在 2008 年的庆祝选举胜利的演讲中，奥巴马也是通过建立和对比两个叙事空间，以说明一百多年中，美国的种族和性别歧视等现象发生了翻天覆地的改变，以此说明在美国一切都是可能的，呼应其演讲主题"我们能"（"Yes, We can"）：

> But one that's on my mind tonight's about a woman who cast her ballot in Atlanta. She's a lot like the millions of others who stood in line to make their voice heard in this election except for one thing: Ann Nixon Cooper is 106 years old. She was born just a generation past slavery; a time when there were no cars on the road or planes in the sky; when someone like her couldn't vote for two reasons —because she was a woman and because of the color of her skin.

该叙事中两个空间相互映衬：一百年前，尼克松·库泊出生时，其女性性别和有色人种族的任一条都不允许她参与选举；一百年后今天的选举中，她通过投票使人们听到了她的声音（to make their voice heard in this election）。奥巴马通过截取选举这个独特视角，创造了两个截然不同的世界，忽视了其他层面，意在说明当今美国社会环境为实现种族融合和性别平等梦提供了可能。

既然任何叙事都不是绝对真实世界的客观呈现，而是叙事者积极施为行动的成果。那么叙事者应如何建构叙事，如何取舍、过滤事件细节呢？这取决于叙事的行文目的。首先叙事者要根据其意欲效果，选择叙事题材和设计叙事模式，正如彼得·布鲁克斯（Peter Brooks）所言"叙事……取决于设计、意图和意义，叙事不仅仅重讲已发生的事；它还会给事件以形态和意义，论证其意义，宣告其结果"（2006：481）。

其次，话语接受者不是完全被动地接受叙事的信息，而是根据其已有的经验"继续进行某种建构性活动"（韦恩·布思 2009：158）。鉴于修辞性叙事目的在于追求即时的言后效果，叙事者尤其是演讲修辞叙事者在文本建构中，必须注意受话者已有的知识结构和背景经验等，预测受话者的接受方式和可能的后续性建构行为，遵循读者反应原理、关联理论、修辞学的接受理论等原则，选择适当的措辞来叙事，激发有利于叙事目标的反应，确保受众的建构活动与叙事目标相一致。受话者是组建修辞性叙事话语的一重要参照，具有不可替代的作用，即使是文学叙事，也需要受话者的理解才能完成其行文目的。如18世纪，英国戏剧家谢尔丹创作了半自传性的戏剧 *The Rival*《情敌》，但首场表演失败，于是谢尔丹深入民众了解问题的症结，几天后修改过的 *The Rival* 再次上演，颇受欢迎。可见，要使我们的表达符合受众的思维状态和接受模式，"……不仅追问这些故事是如何建构和讲述的，还要研究人们如何听、接受和反应的，他们如何成为行为的基础，又是如何运作的……"（彼得·布鲁克斯 2006：487）演讲的目的是要说服现时受众接受某一观点或行为，其文本意义建构需要把受话者的认知结构作为重要依据，在顺应受众心理状态中寻求突破和变化，实现其最终说服目的。

另外建构主义认识论认为知识并非直接来源于客体，而是来自主、客体的互动。主体在接触新客体信息时，总是依其认知结构中的旧图式对客体信息进行加工：筛选、接受、同化和顺应（适当修改自己的图式），并在与客体的协商、会话、沟通、交互质疑过程中，建构知识及其意义。在修辞性叙事方面，受众总是依据已有经验对叙事之效果进行筛选和重构，并随着认识活动的继续而不断地变革和改写。鉴于此，修辞者通常把字面意义作为一种手段，行文重点关注如何缩短叙事模式和受话者认知模式的距离，旨在引起读者恰当的加工，减少与预期目标相左的反应。如下例：

> For us, they packed up their few worldly possessions and traveled across oceans in search of a new life. For us, they toiled in sweat shops and settled the West; endured the lash of the whip and plowed the hard earth. For us, they fought and died, in places like Concord and Gettysburg; Normandy and Khe Sanh.

奥巴马在其就职演讲中，通过三个概括性叙事句简述了美国历史上，一代又一代人为了国家的兴盛和繁荣而奋斗的历史。其叙事外之意在号召民众继承这一无私奉献的精神，为国家的未来而奉献和奋斗。通过重复有标记的主位"For us"，演讲叙事者凸显先辈们的辛苦奋斗和坚强隐忍不是为了他们自己，而是为了我们和国家的未来，我们是这一传统的受惠者，因此我们有责任沿传这一美国精神。这个排比有效地限制受众的意义解读。

（三）读者反应论与修辞性叙事

受话者不是被动接受叙事者所提供的信息，而是调动自己有相关知识框架对所接收到的信息进行加工和评价，"阅读……在一定程度上具有施为性质"（米勒 2002：33）。不同于早期的叙事理论，大多数叙事修辞学者已经不再坚持作者对读者的绝对控制的观点，承认了读者能主动参与言后意义的构建。

1. 叙事修辞理论的读者观

读者反应是叙事修辞理论界的重要话题之一，最早关注这一现象当属前苏联学者米克哈伊·巴赫金。早在 20 世纪 20 年代末，巴赫金指出作者选词造句时要考虑语境及受话者，"话语不是单个说话人的事，而是在事先知道听话人反应的情况下与其相互作用的结果"（托多洛夫 2001：234）。韦恩·布思的《小说修辞学》聚焦于作者和读者的交流艺术，除了多次提到读者，还有三个小节题目直接用了"读者"，"判断的控制"一节关注作者如何控制读者的判断，这一时期的韦恩·布思主要强调作者控制读者反应的艺术。

热拉尔·热奈特虽然无论在《叙事话语》还是《新叙事话语》都开辟专节讨论读者的问题，然而却拒绝给读者主体的身份（1990：184），仅考察了受述者和暗含读者等概念。西蒙·查特曼在 1978 年提出了"人物的故事总是与其他人物相关，而与读者无关"（Chatman 1978：165）。根据西蒙·查特曼，叙事读者通常满足于接受叙事主线，其参与作用仅限于"根据日常生活和阅读的经验补充一些细节"（1978：30）。

到 20 世纪 90 年代，詹姆斯·费伦（1996）和麦克·卡恩斯（1999）等皆把读者/受众作为一个中心话题。麦克·卡恩斯关注真实读者如何成为"作者的读者"

和"叙事读者"（50），以及"读者如何介入文本"（54）。麦克·卡恩斯发现了读者的作用不只与作者的互动，读者在阅读中也常常参与意义的建构。此时的韦恩·布思也提出了"倾听修辞学"，呼吁作者注重读者的反应。詹姆斯费伦（1996：19）提出叙事作品的"作者代理、文本现象和读者反应之间循环往复"的理念，更加重视读者的参与作用。正如彼得·J·拉比诺维茨所言："作家开始在空白纸上写作时，不能不设想读者的信仰、认知和习惯。"（Rabinowitz 1998：21）目前叙事修辞学界的读者反应理论，除在关注读者阅读过程中对静态文本的动态解读外，还观察到文学叙事者在构建文本时，对可能受话者的心理及认知状态进行猜测，并判断受话者的可能反应，把读者作为一种语境，"作为读者，我们仅是作品的语境"（Booth 1988：212）。然而，就作者而言，由于读者的不确定性，作者无法深入了解读者的真正需求，因而只能依据自然化等原则猜测其话语可能"引起了读者什么样的原始反应"（申丹 2001：140），再做适当的调整。就读者而言，可能随着时间推移，不同时间的读者会产生截然不同的反应，这样的反应仅是对同一文本的不同阐释而已，读者的反应无法最终确定。读者的解读实质还是对既成文本的多重解读，而不是与作者的互动性建构。

然而总体说来，叙事修辞理论的读者观没有顾及接受修辞学关于"修辞文本只有被充分接受才会产生能动的修辞效果"（孙汝建 1994：40），更不用说修辞性叙事尤其是演讲叙事的读者。

2. 修辞性叙事理论的受众观

修辞性叙事与叙事修辞理论的差异也体现在受众（读者）观方面。[1] 不同于叙事修辞所关注的相对被动的读者，修辞性叙事的受众更具主动性。文学叙事总是把商业性目的放在首位，为了吸引受众眼球，为了畅销，总是以趣味性和易接受性为导向，旨在赢得读者对文本本身的接受。（Kearns 1999：100）相应的，为了满足受众的猎奇需求，其叙事模式必然力求新颖甚或异化。修辞性叙事所追

---

[1] 叙事修辞关注的主要是已成静态作品，作者与受话者之交流主要限于阅读活动，所以学者皆使用"读者"一词。而在修辞性尤其是演讲叙事者，演讲者与受话者的交流除阅读外，更多的面对面的聆听、问答和交流方式，因此我们倾向于用"受众"一词。

求的是叙事之后效果，趣味性甚至信息（事件本身）都不是其目的。所述之事与其上下文可能没有任何实质性的联系，叙事者主要通过说 A 以达 B 效果。如奥巴马提名演讲中关于其过去帮助困难人群的叙事（A）是为了说服受众选举其当总统（B）（详见本章第一节分析）。这一现象已经引起一些学者的关注。谭学纯、朱玲曾指出："没有接受者介入的修辞活动是不完整的活动……不存在单向的交际。"（2001：67）

修辞性叙事之后效果能否如愿产生，很大程度取决于其叙事方式是否符合受众的认知水平和情感状态。修辞性叙事尤其是演讲叙事的目标受众相对固定，叙事旨在获得特定群体受众的即时改变，如 1933 年罗斯福发表的《要求对日宣战》，其受众即是当时的美国会成员，而不是将来的国会成员，也不是全世界甚至全美国人。[1] 据此，修辞性叙事者在建构叙事话语时，必须严格遵循其目标受众的接受心理，考虑何种表达方式更能有效激发该群体受话者的相应联想和恰当的情感，把受众的已有经验、情感状态和思维模式等都纳入其叙事规划中，以优化其劝说效果。从这个视角上看，修辞性叙事的受众直接参与了文本建构过程。

修辞性叙事尤其是演讲叙事，其叙事信息可能是受众早已熟知的，衡量叙事成功与否的标准是叙事信息能否激起受众与语篇宗旨一致的反应，而不在于叙事者能否接受叙事信息本身。另外，修辞性叙事受众的相对确定性，某种程度上能实现叙事者与受众之间的直接交流，这也为受众参与了话题的选择提供了可能。例如广告词和产品说明书等必然以特定群体为其宣传对象，瞄准该群体的心理状态和实际需求。

亚里士多德的《修辞学》强调演讲者对受众心理的了解。（Kennedy 1991：ix）有经验的演讲者总会在确定受众后，走近他们的生活，了解其生活思想状况，明确其所关心的话题，把受众的社会地位、认知状态和交际者之间的距离等相关因素纳入构思的范围，为其选择叙事材料及话语模式的重要依据。

---

[1] 虽然八十年后今天的我们仍在阅读和欣赏其演讲，但我们明白自己不是他发表演讲时的目标受众。罗斯福的演讲是要说服当时特定情景下的特定群体受众，而不是我们。

演讲叙事为了优化其演讲说服论辩的修辞效果，总是在顺应受话者意愿的同时，积极寻找时机，促使其改变。首先，为了提高叙事话语的可接受性，叙事者采用为受众群体所熟悉的素材，并"调节自己的认知模式，采纳特定群体（为本作品作者添加）的某种公认的推导程序。即被历史和其他许多认识主体所证明是有效的认知模式"（曲卫国 2008：117）。其次，为了赢得受众好感，叙事者积极寻求其与受话者之间的"同一性"。肯尼斯·伯克的"同一"理论告诉我们，有着相同或相似生活经历的群体很容易取得认同感（Burke 1969：23-25），因此在危机中上任的美国总统，其就职演讲词不可避免地涉及历史上的艰难时期，如奥巴马（2009）、里根（1981）和罗斯福（1933）等，以激励艰难时期的人们振作起来，共渡难关。此外同一个社区或同一群体之间也容易产生一些共通的心理，因此奥巴马 2009 年的首次就职演讲词即通过叙事，充分地挖掘其作为一个黑人、一个平民、一个社区工作者的多重符号意义（杨家勤 2010：82），以优化其特殊身份优势，争取最大量受众的支持。此外，受众意识还影响到修辞性叙事结构及其语言风格。奥巴马的首次就职演讲词，因其简洁的结构和质朴的语言，而被指没有发挥其应有的文采水平，问题在于评论者忽视了奥巴马针对全国甚至全世界的受众不得不调整其语言风格。可见，修辞性叙事者在建构其话语时，需要遵循读者反应原理，根据受众社团的普遍心理倾向、认知水平和情感状态调整其选材、叙事结构等策略。

这显然不同于现代作家的写生，文学写生仅是为了更准确地把握社会现实，以便在创作中能用符合受众认知模式的方式去叙事，其所了解到话题不能直接介入作品中，而是以特定的方式融合进虚构故事里。此外，演讲现场的互动提问也有助加深受众对话题的理解，叙事者也能适时调整某些叙事因子，而文学叙事一旦到达读者之手，已经成文并定型，再修改的空间微乎其微。

综上所述，修辞性叙事作为一种辅助论证说明的手段，其价值依赖于叙事之言后效果为即时的读者所接受。实用主义哲学和建构主义哲学及读者理论，为我们解读有关叙事效果与现实、叙事建构与读者的认知建构之关系提供了哲学理论基础。建构修辞性叙事，要依据实用主义和建构主义原理，选择恰当的事件和恰当的叙述模式,以激发读者知识(经验)框架和适宜的反应,以实现预期叙事之后效果,最优化其叙事的修辞效果。

第三节 修辞性叙事运行的语言学理论基础

本节主要探讨修辞性叙事的语言学理论基础,主要包括语篇语言学和言语行为理论两个方面。

一、语篇语言学理论基础

语篇语言学理论致力于研究语篇的组成模式与策略,"是连句成节、连节成段、连段成篇的一种组织方式"(仇小屏 1988:1)。虽然语篇语言学仅是继"结构主义语言学和转换生成语言学之后才新兴起的一个语言学分支"(胡曙中 2005:6),但古希腊亚里士多德的"布局谋篇"和我国古代的"章法"早已蕴涵较成熟的篇章修辞理论。在布拉格学派和功能语言学派之后,出现了多学科领域里语篇新学派蓬勃发展的态势,其累累硕果为语言学理论发展和应用研究"开创了更为广阔的领域"(胡曙中 2005:9)。在研究语篇的普遍性特征同时,学者们还深入探讨各种具体文(语)体的篇章修辞特点。作为四种基本语篇类型之一的叙事语篇必然是该领域关注的焦点之一。

修辞性叙事作为叙事文体的一重要分类,运用在非叙事性语篇中,在亚里士多德、西蒙·查特曼(1990)、杰拉德·普林斯(1992)和胡曙中(1993)等学者的论著中均提及其与叙事语篇的区别。下文将以语篇叙事为参照,分别从叙事结构模式、体裁互文性和语篇性三个方面来做一具体探讨。

(一)叙事结构模式

一个叙事语篇至少包括哪些基本组成部分,换句话说,什么构成一个叙事语篇呢?早期的叙事模式研究主要秉承结构语言学的传统,以完成静态的产品为研究对象,勾勒其基本要素。相关研究最早可追溯到亚里士多德的《诗学》,

亚里士多德认为一个完整的叙事应包括开头、发展和结尾三个部分。在 20 世纪 70 年代以来的众多叙事语篇模式中，威廉·拉波夫模式（1972：362-365）最为流行，该模式认为一个叙事语篇就是一个拉长了的叙事句，并提出一个包括六要素的完整叙事框架：

摘要或"点题"（Abstract）通常是用一两个小句来概括整个故事的要旨；背景或指向（Orientation），用一组句子交代人物、时间、地点和语境等信息；事件的进展（Complicating action）指事件的发展运行过程；评价（Evaluation）指作者对事件发表的态度观点等；结局（Resolution）交代事件的结果或问题的解决；回应（Coda）表示叙事的结束或叙述事件与现实的关系，与点题相呼应。

下面我们将尝试以威廉·拉波夫模式为参照，分析几段修辞性叙事案例：

1.Well, the first great man who ever wrote me a letter was our guest——Oliver Wendell Holmes He was also the first great literary（Evaluation1）man I ever stole anything from——and that is how I came to write to him and he to me.（Abstract）When my first book was new, a friend of mine said to me, "The dedication is very neat." Yes, I said, I thought it was. My friend said, "I always admired it, even before I saw it in The Innocents Abroad." I naturally said："What do you mean? Where did you ever see it before?" "Well, I saw it first some years ago as Doctor Holmes's dedication to his Songs in Many Keys."（Orientation）Of course, my first impulse was to prepare this man's remains for burial, but upon reflection I said I would reprieve him for a moment or two and give him a chance to prove his assertion if he could：We stepped into a book-store, and he did prove it.I had really stolen that dedication, almost word for word.... However, I thought the thing out, and solved the mystery.Two years before, I had been laid up a couple of weeks in the Sandwich Islands, and had read and re-read Doctor Holmes's poems till my mental reservoir was filled up with them to the brim.The dedication lay on the top, and handy, so, by-and-by, I unconsciously stole it.Perhaps I unconsciously stole the rest of the volume, too, for many people have told me that my book was pretty poetical（Evaluation2）, in one way or another（Complication）.Well, of course, I wrote Doctor Holmes and told him I hadn't meant to steal, and he wrote back and said in the kindest way（Evaluation3）that it was all right and no harm done; and added that he believed we all unconsciously worked over ideas gathered in reading and hearing, imagining they were original with ourselves（resolution）.He stated a truth, and did it in such a pleasant way, and salved over my sore spot so gently and so healingly（Evaluation4）, that I was rather glad I had committed the crime, for the sake of the letter(Coda).

2. 他担任律师时接手的第一个案子，是个穷工人在医院出了医疗事故而终身残废（Orientation），医院出价75万美元了结，受害者也接受了，他却说服受害者拒绝。最后经过在法庭内外的奋斗（Complication），那个工人得到了370万！有了这笔期望中的巨额"分成金"（resolution），他就像为自己奋斗一样为穷人奋斗（Evaluation）。最后穷人得到的补偿也更多，用当今时髦的话，就是"只有保护了富人，穷人才能变富"（Coda）。

3. As far as can ascertained, the only（Evaluation）research investigating ways to eliminate context effects in essay scoring has been carried out（Complication+resolution）by Hughes et al.

4. 而敏感脆弱的心灵，又经不起太大的挫折，根本不具备希特勒那种超人的意志。于是，悲剧就在这种虚荣掩盖下的自卑，与貌似强大的虚幻中发生了。

上面所选四篇均含修辞性叙事，篇1和4处于论辩语篇中，而篇2和3从属于说明语篇。篇1是一个完整的叙事语篇，包含了威廉·拉波夫模式的主要成分[1]：点题部分（句1）概述霍姆斯是第一个说话者曾从其作品偷盗东西的伟大人物；背景（句2—5）交代了事件发生的背景，一个友人告诉我偷了霍姆斯的"致辞"；事件的进展部分（句6—13）讲述了事件的发展过程，"我们"到书店验证了"偷"的事实，"我"想出来"偷"的根源，并写信给霍姆斯先生；结局（句13）是霍姆斯先生很大度地原谅"我"并安慰"我"；评价部分散落在文中四个地方，例句中已标出，最后一句既有评价（霍姆斯先生十分宽容和善解人意）也有回应（这封回信甚至让"我"庆幸自己曾经犯了罪）。篇2除了点题没有，其余部分结构较完整：背景部分（句1）交代"他"接手第一个案子情况；事件进展部分（句2前半部）简述"奋斗"经过；结局（句2后半部和句3前半部）是工人得到较高赔偿金，"他"也得到了巨额分成金；评价部分（句3后半部）说明"他"很卖力为人们打官司；回应部分（句4），"他"通过为穷人打官司而致富。篇3仅用一个句子完成了一个包括评价、发展和解决问题三个部分的叙事，其中的评价部分通过主语所带的一个限定性定语 only 实现，发展和解决问题部分仅体现在一个谓语词组"has been carried out"，同时该词组和 only 合起来也履行了回应功能，说明这一问题的完成情况；从字面上看，篇4没有叙事，然而"希特勒"三个字却值得琢磨，该词并非简单地指代作为个体的"希特勒"本人，叙事者力图展现的是，希特勒当时所领导的整个法西斯集团企图征服世界的狂妄野心和大肆侵略的疯狂行劲，以及最终走向灭亡的结局，因此这是一个极端浓缩了的叙事。

　　威廉·拉波夫的叙事观认为，事件的进展是辨认叙事的基本条件，最小的叙事单位包含两个有时间先后关系的叙事句。（1972：370）对照上述观点，我们发现篇1的叙事结构十分复杂，包含了多个叙事：主叙事的"偷盗"发生在"发现偷盗"和"我们"相互通信（wrote）之后，"阅读"行为又发生在偷盗之前，也正是这个阅读产生了仰慕之情而最终导致了"偷盗"。上述主要事件的自然时

---

[1] 四篇皆已标出相关拉波夫模式各要素。

间顺序应该是：阅读—偷盗—发现（朋友的告知—证实）—写信等顺序，然而篇1文本中的顺序依次则为：写信—偷盗—发现—阅读—写信。据此，该叙事没有遵从时间顺序，但同样承担了叙事功能。篇2是较为理想的威廉·拉波夫式叙事，六个叙事小句按时间先后的顺序完整地讲述了一件已发生事情。篇3仅包含一个独立句，所以无时间顺序可言，篇4根本没有叙述句。

根据杰拉德·普林斯的定义（2005：58），只要是对已发生事件的重述即为叙事。上面第1、3、4语篇，虽然没有遵循严格的威廉·拉波夫式叙事模式，但均涉及对过去事件的陈述，行使了叙事功能。威廉·拉波夫语篇模式依据的仅是日常对话资料中所涉及的非正式叙事，而没顾及其他如文学、新闻等较为正式的书面叙事，更不用说论辩等非叙事语篇中的叙事。问题的关键在于日常叙事多是首次叙事，信息传递乃是核心；而论辩等语篇中的修辞性叙事则可能属于多次重复叙事，尤其是广为人知的信息不再是其聚焦点，细节的简化或省略也不会引起任何该语境所需信息的损耗。

（二）体裁互文性

体裁是指某一领域相对稳定的表述类型，不同的体裁承担不同的意义表达功能，并具有相应的遣词风格和成篇规则。本作品用"体裁互文性"一词指同一语篇内含有叙事、说明和论辩等不同文体或语体的语篇片段。在《言语体裁问题》里，巴赫金区分了日常话语类的简单体裁和长篇小说类的复杂体裁，前者为基本语体，后者通过引语、对话等形成"不同语体相互间的对话关系"（巴赫金1998：198）。在体裁互文性语篇中，各种体裁之间的相互融合和借用是语篇组建中一个极为关键的问题，处理是否得当关系到谋篇的成败与否。中国学者辛斌指出"体裁互文性分析的主要目的之一应是考察语篇中各种类和式的混合交融表达了怎样的意识形态"（2005：133）。

上面的语篇1出自美国著名作家马克·吐温为霍姆斯（Oliver Wendell Holmes，《大西洋月刊》杂志创始人）七十寿辰所作的祝寿词，说话者通过叙述自己所亲历的一件事，说明霍姆斯宽宏、无私和练达的高贵品质。表面看来，吐温似乎"离题万里"，用叙事替代了祝福辞，但实质上却通过真实事例，说明霍姆斯有如此美好的品质，所以深受大家的爱戴，为"大家希望他永远不老"的主题奠定基础。叙事不是目的而是论辩阐释的基础，通过生动的真实叙事，避免了空洞说教，情真意切，更令人信服。篇2的叙事旨在通过人们日常生活中的典型实例，来辅助阐释一个高深法律专业术语"分成金"，贴近生活，易为人们接受。篇3的叙事表明仅有Hughes等做过该研究，说明自己的研究仍有必要。篇4以曾盛极一时称雄欧洲的希特勒作为参照，指出所有心理脆弱而又盲目自大之人将不可避免以毁灭收场，以此告诫人们不要盲目自大。

可见，上述四篇叙事在思想意识方面均有效地服务了其所寄生的主语篇语旨，完成了体裁互文中的意识形态融合。至此尚未解决的问题是为什么同样的修辞性叙事会出现结构和详细程度方面的差异。辛斌教授的观点虽然向我们解释了处于互文性语境中各文体如何实现意义层面上的融合，及不同体裁在语词等表达方式方面的相互借用和同化现象，例如"信息—宣传"类的广告语体常借用"信息报告"和"劝说"等语体的表达方式。（2005：138）巴赫金也曾提到日常言语体裁进入小说多少会有些变化，但没有深入展开。（1998：218）可见已有关于互文性的研究主要集中在内容方面，无论是巴赫金还是辛斌都没有具体探讨互文性材料语篇形式方面的结合方式。下文将尝试运用语篇性理论，探讨不同体裁在语篇形式方面的融合问题。

（三）语篇性视角

复杂语篇中的各种不同体裁并非机械地组合在一起。语篇建构者总是以各自体裁原型为基础，在语篇性原则的指导下，对各种体裁加以整合，通过夸大或缩小某些方面的信息，发挥不同语篇潜式的优势，以适应具体情境的需求。尽管叙事体裁形式可能千变万化，但任一叙事体裁个体总是万变不离其宗——叙事体裁原型，所有的变化仅限于选择不同的叙事体裁潜式，简化某些要素同时细化另一些要素，以竭力迎合另一体裁的需求。叙事者不可能采用论辩或说明等语体来向受众讲述过去的事情。至于具体的选择，语篇性原理为我们提供了重要的参考和指导原则。

语篇性原理关涉语篇构成的基本原则。在众多语篇理论里，美国学者罗伯特·德·伯格兰德（Robert de Beaugrande）和沃尔夫冈·德雷斯勒（Wolfgang Dressler）在《语篇语言学导论》中所提出的语篇性的七标准理论，尤受语篇学者们的欢迎，被奉为评估语篇性的圭臬。[1] 罗伯特·德伯格兰德和沃尔夫冈·德雷斯勒认为合格的语篇应满足衔接、连贯、目的性、信息性、情景性和篇际性等七个标准，其中的连贯性指语篇内部各组成要素之间的相互关系，但主要是在语义层面上，情景性和篇际性标准指向语篇的内因素和外因素之互动关系。胡曙中先生在此基础上指出语篇内各句子都应与语篇主旨有关，继而提出了语篇统一性标准。（2005：33）根据胡先生的观点，语篇的主要部分的一个例证或细节都跟说明语篇主要部分的中心意思有关，必须剔除无关成分，这也契合了辛斌教授对体裁互文性现象的观察。引申一步，笔者发现修辞性叙事语篇中的每一细节也应与其所属或寄生层次的语篇主旨有关，而与主语篇主旨的关系可能相对松散。

尽管上面所举四例本质上同为寄生性语篇，处于语篇互文语境，然而其叙事体裁结构形式的完整性逐步递减，篇4甚至不含叙述句。语篇原理中的情景性理论认为"语篇接受者能够通过'问题求解'策略，从语境中'搜寻'曰情景性实现的意义"（胡曙中 2005：10）。篇4中的"希特勒"属于历史名人，第二次世界大战的罪魁祸首和首席要犯，为一般读者熟悉，无须赘述其细节，便能在读者心中激起与第二次世界大战相关的情景意义。叙事者的简化处理方式也吻合了格莱斯合作原则中的数量准则的"不要提供超过需要的信息"（何兆熊 2003：416）。篇1—3的叙事并非为受众所熟悉，其细节也不为人所知，因而如果叙述不详，则受众不了解，可能影响既定的效果。根据合作原则的"使自己所说的对话达到（交谈目的）所要求的详尽程度"（何兆熊 2000：154），篇1的叙事者马克·吐温详细叙述了发生在他和霍姆斯之间的一件事情，而篇2和3仅限于概述，至于"律师打官司"和"Hughes等人研究"的细节均缺失。

另外，语篇性原理中的"目的性"和"语篇统一性"原则等有助于我们更好地解释这一现象。语篇目的是语篇生产者向受话者传达的语旨，也即中心意思，

---

[1] 我们以"语篇性"为关键词键入中国期刊网，共得103篇论文，其中前20篇中有11篇运用了"Beaugrande"的理论的语篇性理论，其受欢迎程度可见一斑。

语篇的统一性原理要求每一个细节都跟语篇中心意思有关。篇1的主旨是要通过细节性叙事，来揭示霍姆斯人格的伟岸和崇高，马克·吐温起初出于本能的强烈反应与后面的释然心理状态形成鲜明对照，这一细节刻画有助于凸显霍姆斯为人的宽宏豁达和"我"的钦佩之情。如果这些细节缺少，则赞誉之词流于空洞说教，预期的叙事效果也难以实现。篇2的语篇主旨是要解释律师"分成金"，其中叙事仅是一个例证，从其为客户所挽回的损失中获得一定比例，构成了"分成金"，至于其如何为客户打赢官司及细节与分成金概念无关，因而省去；篇3同理，叙事目的是要通过说明仅有休斯（Hughes）等人做过类似研究，突出现有相关研究的不足，尚存进一步研究的空间，至于休斯等人所研究的具体内容与本研究无关，另一方面如果对Hughes等人的成就过度渲染反而有损于其所属上层语篇的旨意。可见篇2和3都采用抑此扬彼的手法，以防喧宾夺主。为此，叙事者总是依据行文目的，攫取对我有利的而漠视无关的细节，更不用说有损主题的侧面。

从上面的分析，我们不难发现非叙事主导型语篇中的修辞性叙事，由于受到了特定语篇语境中体裁互文性因素的影响，常常偏离常态叙事语篇模式。我们仍然认定其为叙事体裁形式，此类叙事同样履行了叙事体裁的基本功能，重述了一件过去发生的事情，只不过依据语境因素凸显某些因素而弱化或简化另外一些因素，是叙事的特殊变体。

修辞性叙事作为非叙事性语篇一部分的特殊身份，同时受到叙事语篇的原型模式和体裁互文性两个方面因素的共同制约，其语篇性表征和信息处理方式显著不同于一般语篇叙事。语篇语言学理论为我们运用和解释其叙事模式提供了可靠的理论基础。

二、修辞性叙事与言语行为理论

如本节第一部分所述，修辞性叙事的体裁互文性问题，不仅牵涉到其与所寄生语篇形式方面和谐与否，二者在意识形态方面的融合也不容忽视。从修辞性叙事的服务性功能来说，后者更为关键，下文将尝试运用言语行为理论来解读这一运行模式。

（一）言语行为理论

言语行为理论创始人简·奥斯汀从语言哲学的视角，依据言语行为与现实的关系，分离出了三种言语行为。简·奥斯汀首先区分了言有所述（陈述）和言有所为（执行）两大话语类型。前者是以"记叙或传递有关事实的信息为目的"，后者"仅部分地以此为目的"（1962：1），陈述或描述仅是完成另一动作的手段。二者并非界限分明，简·奥斯汀坦诚："任何言说必然涉及'做'某些事"（92），大多数话语都可能履行三种行为：言内行为（说）、言外行为（通过'说'而'做'了某事）和言后行为（'说'的行为所产生的结果）。"[1]（98-101）更为复杂时，某一表达能同时具有上述三种功能，兼顾言内行为、言外行为和言后效果三个方面。

根据简·奥斯汀的观点，言外行为是指某一类话语，通过其在类似语境屡次发生而获得一种常规并通常固化了的语境意义，是习惯与语境相结合的产物。相比之下，言后行为要复杂得多，包括意欲（intended）行为和意弃（unintended）行为，及实现的效果和未实现的效果等（106），"在某一特殊情境下，任何言后效果都有可能发生"（110）。

为了更好理解简·奥斯汀的言语行为理论，我们试用一个简单句"What is he doing"为例做一简要说明。该句的言语行为是说话人运用了发声器官说了四个词；其言外之行为提出了一个问题，并要求受话者给予回答；言后效果表现为听话人的以下几种可能反应：①直接回答了给问题；②跑过去看看回来再回答；③跑去让"他"停止正在进行的事情；④甚至把"他"直接带到说话人面前。这些反应中，哪些是意欲行为，哪些是意弃行为，还有哪些说话人未实现的效果呢？简·奥斯汀本人虽然也曾提到情感的影响，但没有没有进一步的具体分析。

笔者认为脱离了话语情景，如现场语境、说话者和受话者相互关系等，以上任意的言后效果都是可能的。最终的抉择取决于特定情景中的受话者，能否或愿否准确把握说话人的意图，当然说话者也可通过语言手段对情景机制加以适当调控，以影响受话者的决断。语境在界定某一话语的行为性质中具有举足

---

[1] 括号中内容为本作品笔者所加。

轻重的作用。

(二) 言语行为理论与叙事修辞

无论是古典演讲劝说修辞学还是现代的符号交流修辞学，都把通过言说取得"某种改变"作为首要目标。作为跨修辞学和叙事学的叙事修辞理论，同样也注重研究叙事的言后效果，叙事修辞功能的发挥依赖于其言后效果。

1. 韦恩·布思的叙事伦理和热拉尔·热奈特的叙事术语

韦恩·布思和热拉尔·热奈特虽然没有提及"言语行为"，但是其叙事修辞理论均指涉不同叙事策略所产生的不同效果，即叙事之言后效果。韦恩·布思的叙事伦理观认为任何"艺术作品的确有'教导'作用——灌输或强化道德义务的观念"（2009：187），"修辞学……改善这些信仰的艺术"（2009：5）。其小说修辞理论十分注重小说作品的伦理道德，也即社会效果。这一理念贯穿于《小说修辞学》《我们所教的朋友》和《我的多重身份》等多部作品里。《小说修辞学》不仅在最后一章（第13章）全章探讨非个人叙事的道德问题，前面十二章也注重探讨小说修辞技巧可能牵涉的伦理问题。韦恩·布思的叙事伦理观主要关注小说等文学艺术之意欲言后社会效果，此类叙事效果的实现完全依赖于读者的"内省和体悟"，没有明确统一的标准，并随着时间和个体的变化而变，不同的读者将可能悟出不同的"后果"。

热拉尔·热奈特认为叙事手段如"时速"和"频率"等策略都揭示了一定的言外之意。在《虚构与行文》一文中（2008：86），热拉尔·热奈特还开辟专节探讨了"虚构作品的语言行为"，但其研究兴趣在于虚构作品中的陈述行为，忽略了整个叙事的言语行为或效果，这也正是韦恩·布思批评其忽视叙事伦理道德之所在。

2. 西蒙·查特曼、詹姆斯·费伦和麦克·卡恩斯的叙事言语行为理论

西蒙·查特曼、詹姆斯·费伦和麦克·卡恩斯是目前叙事学界运用言语行为理论分析叙事修辞现象的主要代表。西蒙·查特曼是第一个公开宣布用言语行为理论来分析叙事者和人物的言语行为的学者。（Chatman 1978：161-166）西蒙·查特曼的相关论述主要集中于以下两点，首先，"言语行为理论不是关于语言的语法组合模式，而是语言在交际中的功用，就像真实交流者的言语行为一样"（161）。西蒙·查特曼的语言功用观契合了本作品修辞性叙事理论的功用观，修辞性叙事的真正价值不在于其讲述了一件事，而是讲述该件事情所产生的作用和效果。其次，西蒙·查特曼认为言语行为理论是区分叙事话语和人物话语的实用工具，一些看似陈述类句子，其言外之意却表达了叙事，如"We used to call him 'landower'"和"Owing to his gloomy and tragic death"等句的言外行为分别是陈述（前者）和描述（后者）；然而从其所处上下文来看，其言外行为叙述了过去发生的事情。（164）西蒙·查特曼看到了非叙事语言的言后（外）叙事行为功能，并以绝对的社会真值作为衡量标准，吻合了修辞性叙事的属性。然而遗憾的是，西蒙·查特曼没有趁势深入研究叙事话语的言后行为功能，在1990年，又以言语行为理论太简单、无法解释文学叙事的全部为由（Chatman 1990：76，186）放弃了这一方法，因而没能将这一研究贯彻到底。

詹姆斯·费伦虽然没有公开声明对言语行为理论的借鉴，但其叙事修辞理论与言语行为理论密切相关。首先，詹姆斯·费伦把"作为修辞的叙事"界定为一种"行为"，叙事不仅仅是故事，也是行动，是"某人在某个场合出于某种目的对某人讲的一个故事"（1996：8；2002：14）。显然，该定义既包含言内行为（讲故事），又包含言外意义（带着某种目的），同时也没忘对言后效果的关注（通过定义中的第二个"某人"，即受话者体现）。对詹姆斯·费伦而言，受话者是叙事结构的基本要素之一，詹姆斯·费伦强调所谓"修辞"不仅是手段（修辞格及隐喻式转义）的运用，更是一种交互行为，是说话者向受话者"传达知识、情感、价值、信仰等意识形态"，借此与受话者进行交流（2002：23-24），"行动"隐藏在叙事背后的，或者说是叙事得以进行下去的"砝码"（同上：19）。第二，

否定了韦恩·布思的作者意图主导论。（24）詹姆斯·费伦认为叙事的"作者代理、文本现象和读者反应"等要素相互影响，作者可能试图通过控制文本和读者而意欲达到某种叙事效果，文本和读者两方面因素在参与叙事的过程中，必将制约着叙事者意欲效果的生产，带来意料之外甚或是作者意弃的效果，这一思路不正沿循了简·奥斯汀的言后效果理论模式吗？此外，不同于韦恩·布思等人的叙事伦理（社会性）修辞，詹姆斯·费伦修辞叙事理论也注重探讨某一事件与语篇内其他事件的修辞性服务关系，如关于《魔法》中女佣所述故事目的的讨论。

继西蒙·查特曼之后，麦克·卡恩斯也公开声明要用言语行为理论来探讨叙事修辞现象。《修辞叙事学》声称要把修辞叙事学建立在言语行为理论的基础上，从叙事所履行的规范化社会行为视角来考察叙事。因为"言语行为理论提供了描述和解释叙事与受众之互动的工具"（1999：2）。麦克·卡恩斯修辞叙事学理论认为每一个言语片段的使用都建构了一个言语行为和言后行为。然而言语行为理论仅是麦克·卡恩斯观察叙事的一个维度，在其叙事理论的推进中"往往于不觉之中偏离了言语行为理论的轨道"（申丹、韩加明 2005：258）。

上面的论述表明已有叙事修辞理论也关注到了叙事的言外之意和言后效果等，但其主流还是囿于叙事语篇的社会伦理道德或仅局限于某一叙事手法可能蕴含的修辞意义；西蒙·查特曼、麦克·卡恩斯和詹姆斯·费伦等的叙事修辞理论较韦恩·布思和热拉尔·热奈特有了很大的推进，可又没有贯彻到底，研究的视域始终没有突破文学语篇叙事的藩篱，漠视非叙事主导型语境中的互文性修辞性叙事。

（三）修辞性叙事与言语行为理论

修辞性叙事主要存在于体裁互文性语篇里，其言后效果与一般文学叙事的伦理效果有交叉也有区分。相同点在于二者皆可能产生某种效果，或社会教育或论证说服等，某种程度上都具有工具性功能。不同之处在于，修辞性叙事谋篇者的直接动机是获取叙事与其上下文的意义契合，叙事的言后效果必须是确定的，并能直接服务于语篇内相邻语块的表达需求，而不是韦恩·布思式的长期不确定的社会效果，也不同于詹姆斯·费伦的同类体裁不同情节相互间不确定的修辞目的。修辞性叙事的另一独特之处还体现在其言后效果可能产生谋篇导向等功能，如确定后继话题等（详见第四章第二节的分析）。

言语行为理论中的言外行为、言后行为、言后意欲行为（效果）、意弃行为（效果）和意外行为（效果）等相关理论给我们阐释修辞性叙事的运行机制带来契机。其中，言后效果正是修辞性叙事机制得以运行的基础。叙事者正是要借助于叙事的言外行为影响并改变受话者，达成某种特定叙事后效果，从而实现其服务于上位语篇宗旨的目的。如本章第一节曾指出，衡量修辞性叙事的效果不是其所传递信息的量和质，而是叙事行为所产生的效果能否契合其上位语篇的说明论证等宗旨。因此，修辞性叙事功能的成功发挥取决于修辞性叙事者能否引导受众从众多可能性中攫取与语篇宗旨一致的言后效果，并有效阻止与语旨无关的或有悖于语旨的选择。

首先，必须利用叙事话语激起受话者与叙事目的相一致的情感、经验和情景世界的联想。如通过话语层面辞句的情感色彩和信息焦点等手段，间接影响话语力度，在实现对言后效果控制的同时促使受话者做出有利于语旨的选择。如本节第（一）部分的篇3叙述了当前只有休斯等人做了该项研究，词组"the only"表达该叙事的言外行为既可是强调相关方面研究的不足，也可是强调休斯等人的杰出贡献。然而这是一篇学术论文的导言，该叙事目的是要激起受众相关领域的经验联想，因为根据通常学术研究惯例，只有出现了空缺和不足，才有继续研究的必要，该叙事语境帮助叙事者引导受众做出与论说目的一致的选择。美国总统在其就职演讲中总会重述美国的建国史，但每次都凸显不同的情感和信息焦点。里根总统1981就职演讲词通过"humility"和"greatness"对比，在讲述美国历史，引导受众对美国人上下协力战胜无数危机的联想，诱发其战胜当前危机的自信心和责任心。现任总统奥巴马2009年的就职演讲词通过"our"和"we"等词的多次重复，不仅强调同一个美国，同时携有"美国民族成功融合"的自豪感，试图修补因两党竞选而造成各党派间的裂痕。

其次，叙事者根据谋篇主旨，通过激活相关语境因素而限制受话者的选择。受众对叙事情景的充分了解有助于其理解叙事的言外之意和对言后效果的接受。如前文中的篇1，马克·吐温早年因误抄袭事件而结识宽容大度的霍姆斯，其叙事流露的不是羞愧而庆幸之情，作为读者的我们能理解和接受叙事者的反常情感是因为我们了解吐温的学识，相信其非故意抄袭的辩解。叙事者也知道读者能接受他的辩护。可见受众的认知状态和价值观也参与了叙事功能的发挥机制。

　　为了更好引导受众的选择，叙事者必须根据情境、叙事动机、受众的价值观和认知状态等，通过语篇的上下文背景介绍、叙事话语的编排、语词修辞，甚至副文本等手段，激活相关情景因素，凸显其叙事意图。如篇 4 涉及的历史人物希特勒可能激起人们的一系列联想：希特勒残暴、独裁、凶恶、侵略成性、超强的意志力几乎征服大半个欧洲，但最终还是走投无路，落得自杀的下场……这些都是有关该人物叙事所带来的可能言后效果。该小句的后半部"那种超人的意志"似乎表明"希特勒"叙事的意欲效果是"超人的意志"，那么该叙事所寄生的主语篇宗旨是要说明意志不强的人不可能做成大事。其实不然，该段节选自一本涉及成长心理学著作《强迫症改变人生》，作者孟刚以自己成长过程的心理经历为蓝本，讲述了强迫症心理毛病给他带来的苦难，也改变了他的人生。这些背景信息说明作者此处目的是要警告那些像他当年一样有强迫症的人，即使像希特勒那样有超强意志力的人最终也落得自杀的下场，何况我们这样一个敏感脆弱的人。因此不要在自己能力所不及的方面过于强迫自己，强迫过头。那么叙事者如何引导受众完成这一推测呢？

　　从其封二的题字"此书献给：一切渴望解除心理痛苦者　一切渴望心灵自由飞翔者"，可以推知，作者此处设定读者应是像作者一样遭受强迫症痛苦的年轻人，他们往往都好强要胜（像他自己），但又常遇挫而心理异常苦闷的人。作者凭自己相似的经历，知道他们一般都自命不凡。作者通过"希特勒"一词激活了"希特勒二战中的在欧洲叱咤风云的超人形象"，同时"悲剧"和"貌似强大的虚幻"两个词在描写强迫症患者的心理状态同时，又激活了"希特勒占领大半个欧洲而最终自杀的悲剧结局"。可见作者意欲的效果是，劝服那些自卑而又盲目自命不凡的人，面对现实、接纳现实中的自我。作者正是在理解读者心理、情感和认知状态的基础上通过语言手段达到上述目的。

　　社会语境也是影响言后效果的重要因素。无论是话语生产者还是受话者，都必须把社会情境及话语社群的文化理念和传统价值观纳入其叙事考虑之中，否则可能发生词不达意，甚至意与愿违的言后效果。下例出自马丁·路德·金（Martin

Luther King)的著名演讲《我有一个梦》中：

> Five score years ago, a great American, in whose symbolic shadow we stand today, signed the Emancipation Proclamation.This momentous decree came as a great beacon light of hope to millions of Negro slaves...

"a great American"指的是美国第十六任总统亚伯拉罕·林肯，他领导人民赢得美国内战胜利，宣布废除黑奴制度，并签订了《解放黑奴宣言》(*Emancipation Proclamation*)，为美国黑奴带来希望之光。然而一百多年后，黑人依然没获得自由。正确理解这一事件必然牵涉美国的历史及演讲者所处的社会现状。

总之，任何叙事都可能指向某一言外目的，意欲达到某种效果。不同于语篇叙事非明确的言外目的（意欲效果），修辞性叙事的言外效果是其功能发挥机制的依托，是实现更高层次谋篇宗旨的手段。为优化其叙事效果，修辞性叙事者常借助于富含价值和情感倾向的叙事细节和语词的选择，诱导读者的价值判断和认知反应等官能，以达成既定目标。作为受话者，我们要细心观察叙事的话语层面，揣摩叙事者的用词内涵，方能领会其言外之意。可见，语篇性原理和言语行为及读者反应等理论为叙事者生产和受众解读修辞性叙事之意欲言后效果提供了契机。

第四节　修辞性叙事与其他叙事

叙事学作为一个学科历经半个多世纪的众多学者的提炼和拓展，已经发展成为一个多层次、多视角、跨媒介和跨学科[1]的综合性理论体系，以至于戴维·赫尔曼认为应该用复数的叙事（Narratologies）来统称这一叙事体系，并在1999年用《复数的后经典叙事学：叙事分析新视野》来命名其叙事专著。（尚必武 2009：99）

在叙事视角方面，叙事研究的焦点从叙事结构图式拓展到叙事话语、认知、修辞、读者反应等视角；在媒介方面，从过去的单纯的文字性叙事扩展到视觉性图像叙事和电子媒介等多模态叙事维度；从学科视角事来审视，叙事学拓展主要

---

[1] 既包括其他学科的叙事研究也包括借用其他学科的手段来研究叙事，本作品主要指前者。

是呈现出以文学叙事为原型,向历史叙事、新闻叙事、法律叙事和医学叙事等多学科视角方向延展,学科视角叙事又可依据事件素材源头归为虚构叙事和纪实叙事两类;从结构层维度观察,主要呈现出从叙事语篇整体结构向语篇内部的次叙事语篇、卫星叙事和嵌入叙事等层次步步深入。

修辞性叙事作为修辞学和叙事学的交叉学科,具有跨学科属性,与其他跨学科叙事及各层次叙事之间的关系既非重合也非截然不同。迄今各种涉叙事各学科之间至今尚缺乏明确统一的分类界定标准,并呈现出一种相互渗透相互交叉的杂象环生的局面。

为了梳理叙事学科体系之关系,本节将以叙事为轴,从学科分类和叙事层次两个维度上就相关易混概念做一比较,以引起人们对相邻概念间关系的注意,以便更好地把握修辞性叙事这一概念。

一、学科叙事:虚构叙事与纪实叙事

叙事的学科分化起源于人们对叙事真假性质的思考。叙事学作为一个学科发端于传统上认为是虚构的文学领域,至 20 世纪六七十年代,逐渐蔓延到传统上界定为真实记录客观事件的历史叙事、新闻叙事等,一度形成了虚构叙事与纪实叙事相对峙的局面。

(一)叙事理论界关于"虚"与"实"的讨论

自从叙事学开始踏出文学叙事之门,虚构性与真实性一直都是叙事学研究的一个焦点,传统的观点认为文学叙事都是虚构的,是对没有发生过的事件的虚构。虚构叙事的布局谋篇及遣词造句等尽处于叙事者的掌控中,叙事者只需根据常识构建符合大多数人的认知经验即可。历史叙事和新闻则是真实记录过去发生事件,编撰者必须严格依据客观事实,不得任意发挥。然而随着人们对"虚构"和"纪实"两大版块作品研究的深入,虚实二分法遭到越来越多学者的反驳。最早质疑二分法的当属法国修辞学及符号学家罗兰·巴尔特。1967 年,罗兰·巴尔特发表了《历史的话语》,指出:"历史学家与其说是事实的收集者,不如说是能指的收集者。"(1981:16)六年后,美国历史学家海登·怀特(Hayden White)在研究历史学著作时发现"历史叙事的书写使用了文学文类的框架","情节营造对历史编撰话语的影响丝毫不亚于对文学叙事的影响"。(转引自弗卢德尼克2007：35)叙事修辞学者韦恩·布思(1987：419)、麦克·卡恩斯(1999：31-37，91-92)、罗兰·巴尔特(1967：16)和詹姆斯·费伦(1996)等均曾论及事实叙事与虚构叙事之关系。美国叙事学者凯瑟琳·冈瑟·柯达(Catherine Gunther Kodak 2007：561-579)梳理了古罗马历史人物的斯巴达克斯在历史、传说和文学等作品中的形象，其结果验证了海登·怀特的历史叙事观。"历史在自身之中承载着由叙事与情节强加其上的价值观和各种臆断。"(马克·柯里2003：97)此外，美国学者波特阿波特(Abbott 2007：138-155)和麦克·卡恩斯(1999：31)等人的研究也发现历史和法学等传统纪实叙事并非真实事件的客观记录，"明确地否认虚构与历史的区别"(道勒齐尔2002：177)。

与其同时，叙事学界也出现了对文学叙事虚构性的怀疑。文学叙事也能部分反映作者所处时代的社会历史状况，例如《名利场》和《飘》的故事背景分别是19初英国和美国内战时期社会环境的历史写照。同样中文小说《红楼梦》也反映了中国古代上层社会的生活腐朽和官官相护的社会现实。正是发现了文学与历史的交叉关系，诗文和小说可以用来证史，中国现代史学和语言学家陈寅恪提出了著名的"诗史互证"的理念。[1]可见文学叙事虽为虚构，但却来源于事实，是事实的一种提炼和融合。

然而这种完全抹杀二者界限的做法也不无阻力。卢波米尔·道勒齐尔批判了罗兰·巴尔特和海登·怀特的"历史叙事＝文学叙事＝虚构叙事"的历史叙事观，指出海登·怀特历史话语等式中的概念偷换悖论性质。(2002：181-183)热拉尔·热奈特在区分虚构叙事的非功利性娱乐功能和真实叙事的伦理学属性同时，指出"虚构文本既不真实也非虚妄(一种亚里士多德式的或然性，笔者加)，或者既真实又虚妄"的两难境界，因为"任何虚构作品都是对非虚构作品的论断语句的非严谨摹仿"(2008：119-120)。热拉尔·热奈特在质疑虚构叙事的"虚构性"的同时，坚持虚构与纪实叙事是可区分的，批评一些混淆二者的行为："叙述者

---

[1] 出自百度网 http://baike.baidu.com/view/2024.htm 2010-10-29。

与作者,叙事的接受者与作品的读者又被等同起来。如果是历史性记叙或真实的自传,这种混淆也许情有可原。"(1990:147)麦克·卡恩斯也曾指出叙事的事实"总是经过中介的,总是从某一特定的视域内加以透视的,但这个视角并不创造事实"(1999:31-33)。

关于虚构叙事与真实叙事之关系,叙事学界的争吵持续了数十年。目前学者不再持绝对的观点,也不再怀疑二者具有一定相互交融的潜在空间。虚构的文学作品"只不过是纪实叙事的纯粹摹仿或伪装"(热拉尔·热奈特 2008:103),总是以某一特定历史时空为背景,模拟特定群体的生活现实,甚至以某一历史事件为素材。同理,纪实叙事也必须使用海登·怀特所谓的虚构叙事策略,如细节的截取、叙事视角的选取等。

(二)虚构叙事与纪实叙事的比较

文学叙事也能反映社会现实,纪实叙事虽然以历史上发生的事件为原型,但限于主客观方面诸多因素的制约,任何叙事也无法做到完全忠实于事件原型。热拉尔·热奈特从时序、速度、频率、语态和语式等方面考察虚构与纪实叙事,其结果"导致我们大大淡化了关于虚构与非虚构之间在叙述体制方面的先天性区别的设想"(2008:74)。此外任何事件都不是独立的,而是处于一个错综复杂的事件网络之中,因为"叙事是一个排除结构"(马克·柯里 2003:93),排除选择结果必然流露出叙事者的态度和价值观。修辞性叙事人为加工的痕迹更为明显,叙事者从来不隐瞒其断章取义甚至歪曲事实真相的主观故意性。

据此,文学叙事研究并非完全虚构而是现实的一种提炼,是对基于生活但又高于生活的一种或然性世界的描述,并非纯子虚乌有的捏造。因此很多学者还是倾向于用文学叙事来指代虚构叙事。另一方面任何纪实性"叙事不仅限于重讲发生的事"(彼得·布鲁克斯 2007:481),"无论书本里的还是生活叙事都不可能以自然的'非装饰性'的形式呈现"(Kearns 1999:94)。"文学叙事是从语言到世界的建构过程,而事实叙事是从世界进入到语言的建构过程"(Semino Elena 2006:919),二者的建构过程皆不可避免地渗入了人为主观性因素。

然而虚构与纪实叙事之间存有的交叉关系并不能消除其区别和差异。笔者发现存在于学术作品、历史资料和演讲等语篇中的修辞性叙事显然有别于文学叙事。

首先，在叙事目的性方面，文学叙事目的是要吸引读者的兴趣，追求情节的曲折和创新，为了标新立异，可以随意删改、移位或添加任何可能的细节。受众参与的初衷仅是获得娱乐，并不在乎叙事信息的真假，即使以历史事件或真实人物为素材的文学叙事也必然充斥着大量虚构的情节。纪实性叙事追求尽可能客观地呈现事件本身，目的是向受众报道或介绍过去发生的事情，受众阅读的此类叙事主要是为了获取客观信息，而不仅限于娱乐。

反映在语篇建构方面，文学叙事的事件序列及主次之关系可依据作者谋篇目的而任意调换，甚至为了特殊效果而有意模糊相互之间的关系，如詹姆斯·费伦的研究证明《魔法》中的各故事层界限相当模糊。（1996：4-5）纪实性叙事事件序列及层次关系必须以事实为准则，叙事者的主观能动仅体现在事件细节的众寡和语词色彩的选择等方面。

其次，在叙事与事实真相之关系方面，所有的文学叙事都是作者写作时杜撰的，编撰了一个事实上根本没发生过的事件，即便是以历史人物或事作为素材的叙事，也不可能完全照搬"那些人物的个体化属性和生活情节"（卢波米尔·道勒齐尔 2002：188），其事件无真假价值可言。纪实性叙事则必然是真实发生过的事件，是有据可考的。在事件情节方面，只有细节选取的多少，而不可能随意添加、篡改或移位。事件真实与否是衡量纪实叙事质量的重要标准，一旦其真实性遭遇质疑，整个作品的价值必将荡然无存。

最后，在语言表达策略方面，文学叙事考究语言的优美性、情感性和可欣赏性，以生动感人的语言打动读者。纪实性叙事尤其是历史和新闻类叙事，在语言方面总是追求平实、客观，并竭力掩饰叙事者的情感。

（三）叙事的虚实性解读

准确把握叙事虚构与纪实问题的关键在于理清叙事话语和事件的二元对立关系。英国叙事学家理查德·沃尔施（Richard Walsh）在《叙事虚构性的语用研究》一文里所阐述的两点道出了问题的症结所在。一方面，所有叙事都是技巧的产物，"都是一种建构……意义来自叙事系统内部"（Walsh 2005：151），而不是现实的直接复制,从这个视角来说所有的叙事均属虚构;另一方面,虚构叙事从属于现实世界,按照虚构再现的模仿逻辑,对事件予以再现或对话语进行模仿。沃尔施的论述对正确解读叙事"虚构性"具有重要的启发意义:叙事话语是文学叙事和纪实叙事的虚构性之源。无论是虚构还是纪实叙事,其叙事话语都是叙事者根据行文目的需要而编制的,叙事主体的介入痕迹十分明显,不可避免地携有人为的主观意志或虚构因素。然而在叙事事件方面,二者呈现明显的差异,文学叙事的事件本身并不存在,因而无从考证其真假性质,即使以历史事件为原型,也总是掺进大量虚构情节要素,而纪实性叙事所讲述的必然是发生过的真实事件,其真实性可供检验。正如卢波米尔·道勒齐尔所言:"虚构'生成'的可然世界在写作行为之前并不存在,而历史认知则通过写作来建构在写作行为之前就已经存在(或存在过)的过去模式。"(2002:192)

(四)修辞性叙事的虚实性解读

修辞性叙事既不同于虚构性文学叙事,也不同于客观化纪实性叙事。从事件的真假值角度来看,修辞性叙事是一种真实叙事,无论是在说明、议论还是演讲语篇中,其事件的真实性不容置疑,尤其是政治演讲语篇中的叙事更注重主导交际规则和言语伦理学的真实性和诚信原则。

但修辞性叙事又是一种重复叙事。不同于历史和新闻等纪实性叙事,人们期待的不是事件信息本身,而是叙事之效果,作为自己行为动作的依据及劝说受众的重要手段。因此修辞性叙事尤其是演讲叙事不但不掩盖,反而可能刻意凸显叙事者的主观态度。不同于一般叙事通过情节编排而获取不同的故事意义,修辞性叙事通过细节的简化与详实凸显其信息焦点,或者借助断章取义,以影响受众对事件的看法,但是不能凭空捏造或歪曲事实。

作为纪实性叙事,历史和新闻叙事也必须以真实事件为原型,不能是无中生有的或真实生活的抽象提炼。历史叙事的虚构性主要体现在话语而非事件情节本身。从这个角度上说,修辞性叙事在取材上更接近历史和新闻叙事。所不同的是历史和新闻叙事通常以叙事语篇的形式出现,以向读者讲述一件事情为谋篇目标。然而不同于一般纪实性叙事,修辞性叙事语篇仅是互文性语篇一种辅助性或寄生性的，存在于说明和议论文中，其行文目标能否顺利实现取决于互文性体裁在意义和形式方面的融洽程度。

为此，演讲叙事在"虚构与真假"维度上的话语策略也显然不同于新闻和历史叙事。新闻叙事和历史叙事总是竭尽所能地表现出其客观性，在语言层面上则表现为常用客观化表达手法，竭力避免情态化表达策略；而演讲修辞叙事从来都不忌讳个人观点态度的表露，语言层面也不忌讳甚至明显偏爱有情态倾向的表达模式（详见第四章第三节第三部分和第四节第三部分的分析）。此外，历史叙事与新闻叙事的重点是向受众传递不为他们所知的事实，目的是要让受众了解某事的真相（尽管无法获得绝对的真相），其焦点仍集中在叙事信息上。至于读者"评价怎样，社会效果如何，让时间去检验"，而修辞性叙事多是"广为人知"的事实，重点是"要当场受到听众的裁判……立竿见影地体现其社会效果"（陈建军 2005：80）。

二、跨语篇层次叙事

复杂叙事语篇内的各个次叙事语篇并非机械地堆在一起，各故事间总存在着一定的逻辑关系，相互支撑，相互依存。

（一）语篇层次性概念

语篇层次性概念源自凡·戴克（Teun A. van Dijk）1980 年提出的宏观结构理论。一组连贯并具有衔接性能的句子可组成一个简单的语篇。同理几个连贯而衔接的简单语篇也能组合成一个较高层次的语篇，以此类推，较为复杂语篇可能包含数个层次（van Dijk 1980：146）。高层次语篇信息通过对低层次语篇信息的消减和整合而得的，高层次语篇叙事服务于语篇主题，低层次语篇仅服务于其紧邻的上层语篇，而与主语篇及语篇中其他部分甚至主语篇结构的关系相对松散。凡·戴克的宏观结构理论仅涉及同类语篇，如一个叙事语篇可能是另一较高层次叙事语篇的一部分。西蒙·查特曼提出了叙事、描写、说明和论辩等语篇均有可能成为其他类型语篇的一部分（1990：6-21）。

语篇层次在叙事主导型文本里表现为不同的故事层次。罗兰·巴尔特 1966 年发现了故事内外层次关系，提出一个由功能层、行动层和叙述层组成的结构体系（1989：22）。在《作为修辞的叙事》，詹姆斯·费伦讨论了《魔法》里的三个叙事层面：尼内特的故事、女佣的故事和波特的故事。早期的经典叙事学结构理论（角色功能、行动素）等主要关涉的还是同一个层面各事件元素的组织。经过四十多年的发展，叙事语篇层次理论已经较为成熟。叙事学者们深入研究了叙事语篇内各种事件的多样化组合模式，从语篇叙事中成功分离了次叙事、卫星叙事和嵌入叙事等。

（二）主叙事与次叙事

复杂叙事语篇中可能包含数个叙事，其中必有一个与叙事主旨最密切，占据语篇首要地位的主叙事。次叙事是指主语篇叙事中的非主要事件，次叙事与语篇主旨有关，直接服务于语篇主题但又非无他不可。如新闻叙事中的次重要事件，文学叙事中的次情节等皆属次叙事，类似于议论文中的分论点和说明文中的分点。

英国 19 世纪讽刺小说《名利场》，主线围绕着多计善谋的贫家女蓓基·夏泼为掌握命运摆脱贫穷而不择手段的起伏人生，揭露当时社会生活中尔虞我诈、欺骗背叛、势利虚荣等丑恶行径。辅线围绕着富家小姐爱米丽亚·赛特笠与乔治·奥斯本的恋爱和婚姻，辅线叙事属于次叙事，虽然有助于揭露一些年轻军官的轻浮空虚和欺骗背叛等社会现实，但本质上还是隶属于主线叙事，软弱、迟钝和教条的爱米丽亚有力地反衬了蓓基的精明圆滑和玲珑善变。由于其对主题的服务功能相对较弱，因而次叙事常是叙事者用墨较省的地方。在新闻叙事中，次叙事被置于倒金字塔的底部，以便于编报者的剪裁和读者的选择性阅读。

一个主语篇叙事可能携有数个次叙事，各自重要性也依其与主旨关系而不同。主、次叙事皆可带有自己的卫星叙事和嵌入叙事，如上面所举的"爱米丽亚和奥斯本婚恋"的次叙事，就包含了奥斯本讲述的儿时铰掉乔瑟夫靴子流苏等诸多嵌入叙事。

（三）核心叙事与卫星叙事

1967 年，罗兰·巴尔特首次提出了核心事件和卫星事件的概念，前者指一连串具有先后顺序和因果关系的事件，是叙事结构的枢纽和节点（西蒙·查特曼 1978：53），决定了叙事的发展脉络。卫星事件围绕某一核心事件，其存在与否不直接影响叙事的整体结构，其功能主要是修饰性的，具有丰富和深化主要事件的功能。卫星事件不同于次事件,次事件直接服务于语篇宗旨,而卫星事件通常服务其紧邻的核心事件,其对主语篇宗旨的服务是间接的。例如反映美国南北战争的小说《飘》,作者用于揭示次要人物艾希礼清醒但保守、爱幻想但不着实际性格的系列事件,其中艾希礼"爱读书"、"谈论战争"、"帮斯嘉丽打理生意"等皆属卫星事件。该系列事件与"南方奴隶主阶层的盲目自大和战后的不适应"的主语篇宗旨之关系,是通过凸显艾希礼对旧式生活的留恋和新生活的挫败而间接传递的。另外,次叙事在服务主题功能方面的重要性显然弱于主叙事,卫星叙事直接服务于核心事件,各卫星叙事之间不再有主次之分。

(四)嵌入叙事

嵌入叙事与框架叙事相对应。框架叙事是指包含其他叙事并为其他叙事提供背景的叙事框架。嵌入叙事则是指发生在某一叙事框架之内的叙事,即"叙事中的叙事"。杰拉德·普林斯把嵌入叙事界定为语篇中各个系列事件(杰拉德·普林斯 1988:25),而米克·巴尔(1994:52-54)和麦·图兰(Toolan 1988:169-174)则认为嵌入叙事是框架叙事中某个人物所讲述的故事。笔者发现杰拉德·普林斯的界定混淆了次叙事、卫星叙事和嵌入叙事的区别,巴尔和图兰的界定则成功分离出叙事体系中一独特现象。如《傲慢与偏见》,达西给伊丽莎白的信所诉说魏克翰过去的不良行为即为一例,此事件与语篇主旨无关,仅从侧面描绘了19世纪英国社会之一隅。

嵌入叙事明显区别于卫星叙事。卫星叙事通常是由多个互不相连的单个事件组成,与其上位语篇叙事也没有直接逻辑关系,结构松散,相互之间没有明显的衔接手段,主要通过一种意义上超主位得以相互连贯;而嵌入叙事在结构上通常与直接隶属于框架叙事相连,二者之间的结构关系相对密切,常由框架叙事中的某个人物转述一个故事外的故事,其对框架叙事的服务功能不是通过紧密衔接字面意义,而是叙事之后效果,体现在讲故事者的特定目的,例如《魔法》的女佣所述故事的目的。

(五)修辞性叙事与各层次叙事

主叙事是具有独立成篇资格的语篇叙事,包括传统意义的虚构性文学叙事和纪实性的新闻、历史叙事等。语篇性叙事及其所辖的各个层次叙事,不论长短,叙事信息都是其谋篇的中心,焦点是要叙述一件或多件事情的发展过程。不同于文学叙事等语篇类叙事，修辞性叙事不能单独成篇，总是隶属于某一互文性语篇，叙事的核心不是信息而是言后效果，能否恰当服务于主语篇目的是检验其效果的唯一标准，详见本章第一节的相关论述。

从篇章修辞的视角来看，修辞性叙事同次语篇、嵌入叙事和卫星事件等，都是附属性语篇。但不同的是次语篇直接服务于主语篇主旨，其与主叙事的区分主要是重要性程度上的差异，二者没有概念逻辑上的必然关联性。如《傲慢与偏见》的主叙事是达西与伊丽莎白之间的爱情故事。此外，这部小说还把简和宾利等人的爱情叙事作为陪衬，后者属于语篇中的次叙事，二者直接服务于该小说的宗旨。修辞性叙事可能仅是服务于其所依附的非叙事语篇，语篇层次的上下位关系十分明显。以比尔·盖茨的演讲《释放你的创造力》中的第二段为例：

> For as long as I can remember, I've loved learning new things and solving problems.｜So when I sat down at a computer for the first time in seventh grade, I was hooked.｜｜It was a clunky old Teletype machine and it could barely do anything compared to the computers we have today.｜｜But it changed my life.

比尔·盖茨的演讲宗旨是"告诉人们要善于利用自己的聪明才智。"（江涛2008：139）其中第二段（上文）比尔·盖茨为说明自己喜欢新东西和解决问题，叙述他自己在七年级第一次看到电脑就被其迷住的事件。该叙事所服务的不是整个演讲的宗旨，而是该语段主旨，增强论证说服力，其省缺也不会直接影响主语篇总旨。上段四句中，逻辑包含关系十分明显，第一句是上位句，而包含叙事的其余三句是其下位句。

修辞性叙事、卫星叙事和嵌入叙事均服务于其紧邻的上位语篇主旨，而与主语篇关系皆较松散，其省略与否不会影响到整个主语篇的规划。从某种程度上看，修辞性叙事是由叙事语篇中的卫星和嵌入叙事在非叙事语篇中的某种变体。然而三者之间的区别也很显著。

无论虚构还是纪实语篇中的次叙事、卫星叙事和嵌入叙事，一般都是首次叙事，信息都是其焦点，需要一定完整性和趣味性，确保读者能够也愿意接受其叙事主旨，相应的，其语篇建构模式也更加完整和复杂。修辞性叙事如前所述，则可能是重复叙事，信息不再是焦点，结构相对简洁甚至不完整。修辞性叙事另一区别性特征在其叙事所涉及的要素可与其上位语篇成分在概念逻辑层面上可能毫无关系，因此可以任意换成另一类似叙事。嵌入叙事、次叙事和卫星叙事的要素与主叙事关联紧密，如果换成另一个叙事，必然影响其上下文进程和受众的解读。因为文学叙事是构建者根据谋篇总目的编制出来的，当然可随其意愿任意地消减或添加。

相对修辞性叙事而言，文学作品中的卫星叙事和嵌入叙事与主叙事的逻辑关系主要体现在深层语义方面，形式相对松散，相关事件散落在文中各处，需要读者去整理归纳，才能推导出其共同的上位成分。

从功能的视角看，修辞性叙事主要是作为论据和例证，服务于非叙事性的说明、描写和论证等。卫星叙事和嵌入叙事的功能除了少量的例证以外，主要丰富叙事情节，装扮主叙事架构，其"缺席当然会影响叙事美观"（西蒙·查特曼 1978：54）。也正是得益于各种卫星叙事和嵌入叙事的加入，才有多样化的叙事。嵌入叙事的功能在于修饰刻画人物性格或奠定场景氛围，为下文的发展埋下伏笔；卫星事件主要服务于核心事件，其目的是要丰富主事件，增加其细节，提高其可读性和趣味性。嵌入叙事既有讲述者的目的又可能携有语篇构建者的目的。二者之间的模糊落差是引发叙事张力，增加作品魅力的重要手段。虽然修辞性叙事同嵌入叙事有着相似的功能，但修辞性叙事讲述者和语篇构建者是同一人，而且通常外显其非叙事性目的，乔装隐蔽的叙事目的不易为受众所把握，自然影响语篇行文功能的发挥，因而难以为修辞性叙事者采用。

另外，文学叙事中可能也有类修辞性的叙事，如第一节中所涉及《魔法》中女佣的故事。在19世纪英国女作家夏洛蒂·勃朗特半自传体小说《简·爱》中，慈善学校校长的布罗克赫斯特在舅妈家对简·爱所讲述的一个乖巧孩子死后升入天堂的故事也是类修辞叙事。布罗克赫斯特故事目的是要教训年幼的简，要其驯服，感恩米德一家人。与此同时,勃朗特的叙事是为了揭示了布罗克赫斯特和其所办的慈善机构的虚伪和残忍。二者的信息本身都游离于整个小说的核心宗旨,都是利用叙事的言后效果实现其特定叙事之外目的,因而具有修辞功能。但不同于演讲、说明等语篇中的修辞性叙事,此类叙事仍然是一种虚构性叙事,因此本作品暂称之为类修辞性叙事。

作为叙事的多样化模式之一,修辞性叙事的独特之处首先表现为其身处非叙事语篇语境中,仅作为论证说明的辅助手段,并不具有独立性;其次,修辞性叙事可能是一种重复叙事,受众关注的是叙事的言后行为效果,而非信息本身,其结构可以不完整;最后,修辞性叙事讲述的是现实中发生过的真实事件,因而不同于文学作品中虚构的类修辞性叙事。

(六)叙事层次体系图示

叙事可笼统地归为修辞性叙事和语篇叙事两类。语篇叙事至少包括一个结构完整的叙事单元,一个复杂的语篇叙事内有可能同时把主叙事、次叙事和嵌入叙事作为其组成部分;主叙事和次叙事都可分别带有自己的嵌入叙事和卫星叙事;卫星叙事也可带有自己的嵌入叙事。就其和主体关系而言,次叙事、嵌入叙事和卫星叙事等都是附属(低层)结构,仅主叙事和次叙事直接服务于语篇主旨(见图3)。

修辞性叙事通常发生在非叙事语篇中,由于受到体裁互文性的限制,一般结构相对简单,不再带有自己卫星和嵌入叙事等。

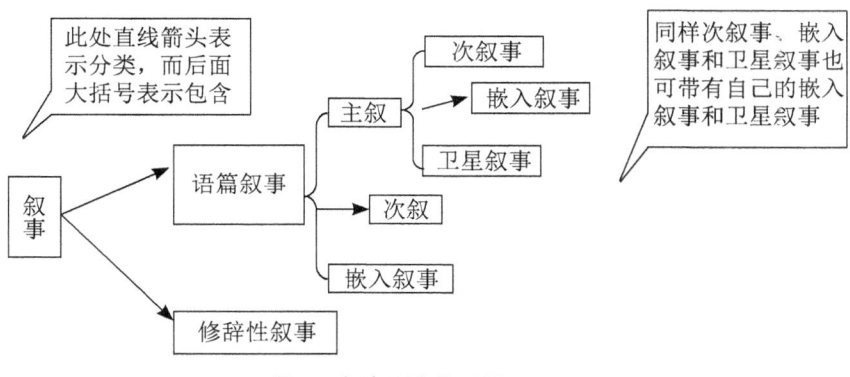

图 3 叙事层次体系图示

小　结

作为对一件真实发生过事件的讲述，"修辞性叙事"是非叙事主导型语篇中作者用来论证、说明或组织语篇的多种手段之一。修辞性叙事由于受到了非叙事语篇体裁互文性语篇目的等因素的制约，修辞性叙事与语篇叙事在结构模式、修辞功能和运行机制等方面表现出显著的差异。修辞性叙事功效的产生取决于叙事之后效果与其上位语篇主旨的契合程度。为了优化其叙事功效，叙事者通常依据实用主义原则选择有利的叙事素材，并依据语篇性、互文性和建构主义哲学等理论原则来设计最为恰当的语篇模式。

不同于文学叙事，修辞性叙事是对真实事件的简要重述。作为一种修辞手段，修辞性叙事必然凸出与上位语篇主旨有关的因素，因而又区别于新闻等吾篇性纪实类叙事。修辞性叙事与次叙事、嵌入叙事和卫星叙事等同属于附属性吾篇，但又运用在不同的语篇语境中，发挥着不同的修辞功能。

第四章 作为修辞的演讲叙事

演讲的动机也常常是为了勇敢地面对挑战。

——G·迈克尔·乔治·坎贝尔

如绪论中的第二节所述,已有关于演讲的研究主要集中在演讲技巧、论辩和语篇结构等方面。本章将以修辞性叙事理论为指导,以政治演讲语篇中的修辞性叙事为例,探讨演讲修辞性叙事(后文简称演讲叙事)模式,揭示其作为一种修辞性话语手段在演讲语篇里的重要性、功能、结构和选材等方面的特色。

第一节　演讲与演讲叙事

广义的"演讲"一词已泛化为任何公开讲话,包括纯粹传递信息的学术报告、英雄事迹宣讲和教学宣讲活动等。传统的演讲是指为了某一劝服目的而发表的公开讲话,在古希腊罗马时期,"演讲"艺术即是修辞术。亚里士多德的古典修辞学理论把演讲分为法庭、宣德和议政三种。本章重点关注的议政性演讲,包括那些非政治从业人员的涉政演说,如《我有一个梦》《最后一次的讲演》等。这些演说均是就某一政治话题对受众进行劝说,为成功实现其劝说目的,演讲者竭尽全力调动包括修辞性叙事在内的一切可用资源。

一、演讲的劝说本质

演讲的根本目标是劝说,是要说服受众接受某种观点、建议或行动。新修辞学所提倡的论辩、同一和协商等策略,最终服务于劝说目的,皆属劝说手段。不同于一般语言活动劝服受众接受语言所传递的信息本身,演讲劝说是要受众接受演讲者所期望的某种演讲之后效果。同样的珍珠港事件,历史教科书的叙述仅限于说服读者接受该叙事所传递的信息:事情的起因、发展过程及结局;在时任美国总统罗斯福的演讲《要求对日本宣战》中,叙事目的不再是通告该事件的起始脉络,而是凸显美国遭遇的耻辱和攻击,以此说服受众同意政府宣布参战,洗雪耻辱和免再次遭到类似的攻击和威胁。反映在叙事模式上,历史教科书侧重叙述事件的复杂过程，罗斯福的叙事则明显淡化事件的过程描述，而刻意凸显事件结果，同时毫不隐晦个人评论，以诱导受众情感转向，最终接受劝说。

鉴于劝说目的只有通过受众的改变才能实现，如何促使受众接受劝说自然是实现演讲目的的关键。亚里士多德的《修辞学》（Kennedy 1991：37-38）关于劝说的三种诉诸，激起受众情感、真理或貌似的真理及演讲者的人格魅力，至今仍有实践意义。为此，演讲者不仅需要利用语言的表意功能，对其论点的合理性进行必要的描写、说明和论辩（真理）；同时为了激起劝说者的特定情感，演讲者不仅使用各种非语言演讲手段，还充分利用语言的表情功能（激起与演讲目标一致的情感），在缩短与受话者距离的同时优化其说服效果。

政治演讲一般发生在某一定特定情景中，旨在获得有明确所指的特定群体即时认可和改变。为此，演讲者必须考虑各种修辞情景因素，如即时的社会环境、交流者的相互关系、受众的社会地位和期望等。演讲的成败很大程度上取决于演讲者能否准确把握各种情景因素，在满足受众愿望的同时加以说服。因此演讲劝说是一种典型的即景性修辞话语。

可见，劝说是演讲的本质特征，为了有效劝说，演讲者除了需要论辩外，还需要诉诸于说明、叙事等各种模式的体裁，同时把情景因素纳入其视域。

二、体裁互文性的演讲语篇

演讲语篇是典型的"杂声"体话语。在劝说语体主导下，各种互文体裁的语篇各司其职，相得益彰，互为补充，共同服务于演讲的劝说主旨。

（一）体裁互文与演讲

克里斯蒂娃（J. Kristeva）1969年首次提出"互文性"一词，指称不同语篇中的话语相互借用现象。四十年多年来，众多学者（Barthes 1970，1979；Genette 1979，1982；Michael Riffaterre 1980； Roger Fowler 1986；Norman Fairclough 1992，1995；胡曙中2005；辛斌2005等）不断挖掘和提炼这一概念，使之在广度和深度两个方向上得到持续拓展，从文本内延伸到文本外，从文本延伸到非文本，从意识形态领域又拓展到词汇（辛斌2005：140-141）和体裁文体等领域，并大量应用于文本分析实践中。

体裁互文性指"一个语篇中不同文体、语域或体裁的混合交融"(辛斌 2005：125)的现象。第三章第三节已提及，前苏联学者巴赫金(1998：142-143)在研究言语体裁互文性时，首次把所有体裁分为简单类型（日常生活中使用的言语）和复杂类型（有组织的书面交际用语）。日常话语类的简单体裁是基本语体，复杂类型的体裁在"自身形成过程中，把在直接言语交际条件下形成的各种第一类（简单）体裁吸收过来，并加以改造"(143)。因而"长篇小说是各种基本言语体裁的百科全书"(1998：218)。

政治演讲语篇的体裁互文性现象尤为突出，是典型的体裁互文性语篇。虽然演讲者的最终目标是要通过自己的演说论辩使受众接受和支持自己，但为了强化其说服力，演讲者有必要对现状进行描述（描写）和分析（说明）、对已发生的事情进行叙述（叙事）、对一些争议性论题进行阐明并做恰当的辩解（论辩）。据此，在劝说性的政治演讲语篇里，随处可见说明、描写和论辩等各种文体的"狂欢"，也就不足为奇了。

以美国前总统乔治·W·布什的《9·11讲话》为例，布什讲话目的是安抚民众并谴责肇事者。其中有现状描写"大火熊熊、高楼倒塌、眼前的惨状……"；有论辩分析"……成为攻击的目标，是因为我们是世界上最明亮、最耀眼的自由和机遇的灯塔；恐怖袭击……无法动摇我们牢固的国家基础……国家坚不可摧"；也不乏对袭击、救援和调查等事件的叙述，如"一系列蓄意和致命的攻击、飞机撞向大厦、数千人失去生命、采取行动、启动救援计划、抢救伤员的叙述、调查、声讨……"。布什的描写为论辩分析细化了修辞情景，叙事和论辩分析又为安抚民众和谴责肇事提供了事实依据。布什借用描述、说明和论辩等各种体裁谴责了恐怖分子的恶劣行径，安慰美国民众只要团结起来，定会战胜敌人。

体裁融合问题是互文性理论研究者必须面对的一重要话题。巴赫金认为次语篇必须根据其所处的语篇互文性语境作适当调整(143)，因而不可避免地偏离了其作为独立或主语篇时的模式。美国叙事学者西蒙·查特曼(Chatman 1978：28-30)、麦克·麦卡锡和罗兰·卡特(M.McCarthy & Roland Carter 2004：62-63)和我国学者胡曙中(2005：118-129)等均关注到叙事、描写和说明等体裁作为主语篇和次语篇的不同。罗杰·福勒（Roger Fowler 1982：38）曾用用"类"和"式"分别指语篇中不同体裁和同一体裁的不同变体。澳大利亚学者哈桑（Ruqaiya Hasan）更是从语篇语言学的理论高度，把同一体裁的各种可能形式称为"体裁结构潜势"（Generic Structure Potential），该理论认为语篇的体裁结构要素包括必要成分和可选成分。必要成分决定体裁性质，语境决定可选成分的取舍（Hasan 1996：53）。因此同一种体裁，因处于不同语境而形态各异，"但其基本结构必须保留"（McCarthy M.& Roland Carter 2004：26）。

演讲者为增强其劝说效果而采用的论辩、叙事和说明等次语篇，由于受到互文性语篇语境、演讲修辞情景和劝说语体的同化作用而失去了其作为独立语篇的某些可选成分，同时捎上了互文性演讲语篇语境所赋予的某些特征。如《9·11讲话》中的叙事几乎一律缩减为"行为"，省却事发的背景和时间等要素。因此，考查演讲语篇的体裁互文性问题，在分析其意识形态方面融合的同时，也要关注其体裁形式和情感层面上的契合与否。叙事作为劝说方式之一，不仅是客观信息的传达，其谋篇和遣词造句皆烙上该演说目的和演讲者的情感态度，柏拉图批判演讲术为蛊惑人心的骗术，与演讲叙事不是对客观事件的直接陈述不无关系。

(二) 演讲语篇中的叙事

演讲语篇中的叙事（后文简称演讲叙事）是指演讲者为了达到某一劝说目的，而诉诸于对已发生事情的重述。作为修辞性叙事，演讲叙事是一种纪实性叙事和次语篇叙事，叙事目的不再是简单的事件信息传递，而是叙事之后效果能否有效服务其演讲劝说目的。不同于其他修辞性叙事，演讲叙事旨在促使特定群体的即时接受劝说并采取相应的行动。为了取得这一既定效果，演讲叙事者在重视叙事言语行为的同时，更关注如何利用叙事所传递的意识、态度、情感以取得预期的言后效果。

叙事作为重述已发生事件的手段，"是一种广泛应用于演讲和书面语篇中的体裁"（Michael McCarthy 2004：69）。在以说服为主旨的演讲语篇中，叙事虽然不占据主导地位，从文本构成分量和功能方面来说，均处于附属性的次要地位，却可产生意想不到的修辞效果。在罗马修辞学家所列出的说服话语七步骤中，叙事居于第二。(Robert & Susan M. Cockcroft 1992：97)演讲叙事具有极强的现实说服力,正如美国叙事学者麦克·图兰所断言:"叙事就是要获得一种力量。"(Toolan 1998：3)演讲叙事作为说服手段的最大优点是可以把演讲者的劝说目的藏匿于貌似客观的叙事中,这种潜移默化的方式有助于避免直白劝说可能引起的条件性抵触情绪,更易为受众接受。

今天许多历史事件都以叙事的形式呈现在我们面前,演讲叙事也功不可没。演讲叙事在讲述历史的同时,还展现历史人物的情感态度。美国开国先驱者之一托马斯·杰弗逊在《独立宣言》中曾宣布:"今天我们终于挺立于这片大陆,300万同胞在共同的事业中团结在一起,震惊了整个世界。"杰弗逊使用三个短句来宣布美国的独立,三个动词词组"挺立"、"团结"和"震惊"构建了一个有先后关系的叙事过程,实现对美国独立这一事件的讲述;同时演讲者的自豪感也溢于言表。同样,中国革命战争时期的著名民主战士和演讲家闻一多先生在《最后一次的讲演》也极其简洁地对革命党人李公朴的遇害事件进行叙事:"在昆明出现了历史上最卑劣最无耻的事情!李先生究竟犯了什么罪,竟遭如此毒手?"(王富仁 1994：674)其中,前一句是评价,表达了演讲者的愤怒之情;后一句通过两个有先后关系的动词词组"犯罪"和"遭……毒手"完成了一个叙事过程。

一般来说,美国总统的就职演讲都会讲述当前一些最突出的事件。如林肯在其1861年就职演讲中谈到了南方各州的分裂活动;肯尼迪1961年的就职演讲聚焦于当时与苏联之间展开的军备竞赛等事件;英国首相丘吉尔1940年的就职演讲对德国法西斯的侵略活动进行叙事等。较长的语篇可能涉及多个叙事,如美现任总统奥巴马2009年就职演讲词通过简洁凝练的语词,讲述了美国历史上的内政外交等方面所遭遇的一系列挫折性事件。即便是非政治类演讲词,叙事的重要性也不可忽视。马克·吐温在一篇不足两百个单词的演讲《勇气》里,居然叙事了两次:纳尔逊被当作英雄广泛宣传和"我"好几次勇气达到极限的事件。就连科学演讲也不例外,英国科学家赫胥黎在题为《科学和艺术》的演讲中通过讲述一个虚构的神话式人物帕修斯的行为,讽喻当时人们对科学的百般阻挠和打击。综上所述可见,叙事是演讲语篇的基本要素之一,是其形成机制的重要组成部分。

第四章　作为修辞的演讲叙事

如第二章第四节所述，迄今众多学者曾谈及叙事性正文和正文中的叙事是两种不同的现象。通过比较，我们发现演讲中的叙事也有类似情况。有些叙事尤其是突发事件发生后的应景性演讲，具有语篇导向性功能，语篇中的所有叙事都有先后或因果等逻辑关系，是联系整个演讲语篇各部分的支点，其前后顺序和细节的改动，都会牵一发而动全身，如布什2001年《9·11讲话》、以色列检察长吉迪恩·豪斯纳（Gideon Hausner）1961年在空控诉纳粹头目艾希曼暴行时所发表的《那人就是艾希曼》和丘吉尔1941年在苏联遭到入侵时发表的广播演说等。另有一些叙事仅具有论证说明的功能，如爱因斯坦（1950）在题为《原子能的和平时代》的演讲中讲述了美苏军备竞赛，证明"国家通过军备来保障安全，是一个非常糟糕和可怕的事情"（江涛2008：208）。

三、情景修辞性演讲

大多数演讲如就职演讲、国情咨询演讲、特殊事件演讲均属于即景修辞性话语，是应特定修辞情景的呼吁而产生的。据此大多数演讲自然受到其所处的修辞情景要素的制约，携带上该修辞情景的印痕，其"有效性取决于说话者或作者是否了解其所处的修辞情景"（Avon Crismore, William J. Vande Kopple 1990：49）。

（一）修辞情景理论

"修辞情景"是指影响和促成修辞性话语的一些相关因素。1968年，劳埃德·比尔茨（Lloyd Bitzer）发表了《修辞情景》（*The Rhetorical Situation*）一文，详细阐释这一概念。劳埃德·比尔茨认为修辞情景是"一个由人、事件、物体、关系及要求所组成的自然背景，这一背景强烈诱发言语的产生"（Lloyd Bitzer 1968：2，1998：122-123）。其三个基本要素包括事态变化、受众和修辞制约。（涂家金2009：79）修辞话语通过作为中介的受众决定和行为，能使事态发生建设性变化。劳埃德·比尔茨"情景诱发了修辞"的观点遭受到了以理查德·E·瓦茨（Richard E.Vatz）为首的多位学者的质疑，理查德·E·瓦茨认为劳埃德·比尔茨"情景诱发修辞"的观点否定了修辞者的主观作用。（1973：154-160）

争议的根源在于查德·E·瓦茨用广义的修辞活动来度量比尔茨的狭义修辞活动——传统的口头公开演讲活动。劳埃德·比尔茨关注的仅是那些应某一修辞性需求而做的随情应景式修辞活动，如珍珠港事件、肯尼迪遇刺、总统就职等事件所引起的修辞活动，而把那些非即时情景制约式话语如诗歌等排除在外。一些"突变的环境往往给修辞性的话语带来契机"（常昌富 1998：11）。另外劳埃德·比尔茨仅是强调情景对修辞活动产生的决定作用，但并没否定修辞者对修辞内容的主观能动性，因为作为中介的受众能通过自己的决定改变修辞事态，其决定和行为反过来又受到修辞者的修辞艺术和其所处的各种主客观情景因素的制约。（Lloyd Bitzer 1968：1）理查德·E·瓦茨断定劳埃德·比尔茨的"情景诱发修辞活动"等于情景创造了修辞活动的一切，不免有断章取义之嫌。

（二）修辞情景与演讲

演讲尤其政治演讲更关注修辞的情景性因素。其中强烈而明显的事态变化性质决定了演讲主题、话语组织模式及文体风格等。（劳埃德·比尔茨 1998：129）如应突发事件的情景需求而发表的演讲必然表达着演讲者的态度、对受众的要求及应对措施等。不同于一般话语情景受众的不确定性和较强的普适性，演讲话语修辞情景中的受众一般较为明确，演讲者面对着具体的受众群体。演讲效果最终取决于特定群体受众的判断、裁决和"接受劝服"并采取相应的行动。因此演讲成功的关键在于对修辞情景的准确把握和运用，引导受众从多种或然性中做出有利于劝说目的选择。

显然政治演讲属于比尔茨式情景修辞活动，任何政治演讲均应某一政治事态变化而激发的。无论是突发性事件（如9·11事件、珍珠港事件），还是例行的政治仪式（总统竞选、重要会议等），都必然产生情景性演讲活动。正因此，历史上的许多重大事件成就了诸多伟大的演讲和演讲家，如托马斯·杰弗逊和他的《独立宣言》、美国乔治·W·布什总统的《9·11讲话》、罗斯福总统《要求对日本宣战》、英国首相丘吉尔的《热血、辛劳、汗水和眼泪》、印度第二次世界大战时期精神领袖甘地的《向美国呼吁》、中国闻一多先生的《最后一次的讲演》、毛泽东主席的《中国人民从此站起来了》等。这些发生在特殊历史时刻的伟大演讲和其所造就的伟大演讲家在演讲学史上都已抹上了浓重的一笔。

演讲劝服目的的实现，依赖于语言诱发受众所做的改变，演讲叙事是一重要手段。演讲者总是以演讲主旨作为其叙事谋篇的依据，整合或截取事件情节，并配以适切的措辞，适时引导受众就未来有争议的问题进行裁夺。演讲叙事者的社会身份、修辞目的、其与受话者之间的相互关系及受话者的情感和认知状态等修辞情景因素，都将制约演讲叙事活动，其在修辞功能、结构模式、取材倾向等方面必然不同于一般叙事修辞。

鉴于演讲叙事是演讲者的说服论辩手段，演讲者叙事时必须依据互文性上位语篇所赋予其履行的功能，选择叙事素材和设计叙事模式。本研究也相应地采取了功能为先的思路，先讨论演讲叙事的修辞功能，继而分析考察其叙事结构模式。

第二节　演讲叙事的修辞性功能研究

尽管一般认为"传递信息毕竟是言语交流的首要目的"（申丹1988：26）。这一论断并不适合演讲叙事，依据学界对修辞的界定，"在任何场合下能找到的说服方式"即是修辞。（Kennedy 1991：14）演讲语篇中的叙事皆可归纳入"修辞性叙事"的范畴。其叙事首要目的是辅助实现了演讲劝说主旨，而不是信息传递本身。叙事是演讲者实现演讲主旨的重要手段，这种服务非叙事性上位演讲语篇的功能即演讲叙事的修辞功能。本节将根据叙事在语篇中所发挥的不同修辞功能，尝试着把演讲语篇里的叙事简单地归为三类：作为语篇导向的叙事、作为佐证的叙事和作为情感诉诸的叙事。演讲叙事具有表征人格、为论证提供合乎逻辑的事实性论据和促使演讲者与受众获得"同一"等功能，与亚里士多德三种说服手段相呼应。鉴于叙事的"人格"和"同一"功能均旨在激发受众的敬佩、同情和感同身受等情感，本作品将之归并为叙事的情感功能。另有些叙事还具有语篇导向功能。

本节将以《伟大的演说词》（徐翰林2005）和《中国现代名人演讲精粹》（洪安南1995）两本书为主要论据材料探讨演讲叙事的修辞功能。这两本书收集了中外最著名的演讲,不仅包含了多种修辞情境下的演讲(总统就职演讲、危机事件情景下的应景性演讲、政府官员的演讲、抗议性演讲及宣德性演讲等),其演讲者也来自社会各阶层(总统、政府官员、平民),颇具有代表性。另外,本作品还将美国现任总统奥巴马广受瞩目的2008年和2012年的就职演讲列入讨论范围。

一、作为语篇导向的叙事

在语篇结构方面,一些位于演讲语篇起始部分的叙事具有凸显演讲主题,引导语篇发展方向等功能。如:

1. 我们这几天庆祝战胜,实在是热闹得很。

2. The thoughts and hopes of all America – indeed of all the civilized world – are centered tonight on the battleship Missouri. There on that small piece of American soil anchored in Tokyo Harbor the Japanese have just officially laid down their arms. They have signed terms of unconditional surrender.(今晚,全美国——实际上是整个文明世界——的注意力与希望都集中在密苏里号战舰上。在泊于东京港的这一小块美国领土上,日本人刚刚正式放下了他们的武器,签署了无条件手投降的协议。)

上两例分别出自中国革命先辈李大钊1918年在庆祝第一次世界大战胜利所发表的《庶民的胜利》和美国前总统杜鲁门(Truman)1045年在日本投降发表的广播演说"Broadcast on Japanese Surrender"。两句均处于演讲语篇篇首,并引导各自语篇的演讲主题:第一次世界大战中,各国的"庶民""劳工社会"纷纷反战、要求和平,昭示着"'新纪元的世界改造'的开始"(例1);建立在自由意志上美国终于战胜日本军阀的暴政,成功雪耻(例2)。

作为语篇导向的叙事是指位于演讲语篇正文的起始部分,发挥着特殊语篇指向功能的叙事。从事件性质上看,此类事件通常是演讲修辞情景中的突发事件,是劳埃德·比尔茨式的诱发演讲修辞活动的主导性因素。(1998:127)在功能方面,演讲者通过选择不同的事件细节、句法、语体和叙事模式等,凸显主题,设定后文话语基调,并框定后文的可能发展模式和行文结构。试比较下面三例叙事的语篇导向功能：

3.Yesterday, December seventh, 1941 – a date which will live in infamy – the United States of America was suddenly and deliberately attacked by naval and air forces of the Empire of Japan.

4.Today, our fellow citizens, our way of life, our freedom came under attack in a series of deliberate and deadly terrorist acts.

5. 在北京时间 5 月 8 日清晨，以美国为首的北约悍然使用导弹袭击了我国驻南斯拉夫联盟共和国大使馆，造成我人员伤亡，馆舍严重毁坏。

以上三例均出自国家领导人，在国家遭遇突发外来袭击事件之后所发表的首次演说，分别是富兰克林·罗斯福 1933 年发表的《要求对日宣战》、乔治·W·布什的《9·11 讲话》和中国政府领导人胡锦涛 1999 年就北约轰炸中国驻南斯拉夫使馆而发表的《重要电视讲话》。三者有着明显的相似性：位置，都处于演讲词的篇首，在简短的礼仪性问候之后；事件性质，均是对刚发生事件的讲述，是情景中的突变因素，叙事者的情感也溢于言表；功能，如后文所证，三者都具有谋篇方面的导向作用。

这些共同特征源自三者相似的修辞情景。三篇演讲词都是国家领导人在国家遭遇突发重大外来袭击时所发表的，对该突发事件的叙述自然成为整个演讲活动的楔子和重要线索。三者均旨在表明国家领导者的态度和应对措施，并安抚民众，为此演讲者必须彰显其态度情感。这些相似的语境和修辞功能决定了这些演讲语篇所具有的相似特征。根据 R·哈桑的语篇结构潜势理论，这些相似性是相似情景因素所决定的必须成分。

当然，上述共同特征并非表明上列三句具有完全相同的语篇导向功能。相似或相同的语体宏观结构在不同情景中的具体实现方式不尽相同。任何事件都处于一系列复杂的情境因素之中，演讲者必须根据互文性语篇谋篇目的，在众多相关事件中做出选择，构建合适的信息结构，在语言层面上则表现为不同词句和篇章模式的选择。这些不同表达模式的选择又将进而引发不同的焦点凸显模式和语篇导向功能。下文将结合上列三例和其所处的演讲文本中其他部分的关系,做一具体分析。

例 3,罗斯福使用一个包括动作行为者、被动态谓语和承受者的完整被动态句子来叙事。在概念内容上,该叙事句传达了两个方面的内容:美国无端遭到日军的轰炸;美国蒙受了极大耻辱。根据信息结构原理,被动句是有标记的表达方式,凸显结果和行为者,同时强调动作承受者的无奈和无辜,两个副词 suddenly 和 deliberately 更是强化了这一信息焦点。在情感方面,根据主述位结构理论,该句又通过有标记的主位结构和同义重复等措辞手段强调美国承受了巨大耻辱。根据语篇的连贯性原理,语篇的各个部分应相互关联,因此这两个焦点在后文应得到体现。那么该演讲语篇的后文发展是否能够验证这一叙事模式的语篇导向作用?进一步分析可发现该语篇后文主要包括四个部分:①日本政府袭击前一直在和美国进行对话沟通;②袭击造成惨痛后果;③日军在世界各地的一系列攻击行为;④作为海军总司令的"我"号召美国人民凭借强大的军事和正义的力量奋起反击以自卫和洗雪耻辱。其中前三个部分呼应了叙事句里的信息焦点:日军在世界范围内突然袭击,发动了一系列蓄意攻击,凸显日军的野蛮攻击。第四部分在文末,与句首标记性主位所凸显的情感意义的遥相呼应:"我们"必须也有力量投入抗击战斗,维护美国的尊严。另外,文末的位置也决定了其是演讲的重心所在,也是演讲者着力的部分,共用 181 词,约占整个文本用词量的 35%,突出了演讲文本的主题和焦点:号召受众同意对日宣战。

与罗斯福总统的演讲不同,布什发表《9·11 讲话》时并不清楚肇事者的具体情况,为了不引起盲目恐慌,其演讲目的不是要描绘敌人的危险性和号召人们奋起反抗,而是谴责恐怖袭击、安抚民众。这一演说宗旨也体现在事件的叙事方式上,布什使用了一个带有显性被动意义的主动句。其中并列主语和被动语态强化对恐怖袭击行为的谴责,主语包括三个名词短语"our fellow citizens"、"our way of life"、"our freedom",它们在抽象程度和含义广度方面呈现出明显的递增性特质,布什此处措辞意在凸显这一事件的影响之广大和深远;此外被动语态的使用更是强调美国的无辜,为美国后来的打击报复行动埋下伏笔;行为者的缺失致使信息焦点落在介词短语所表达的方式状语上。不同的叙事模式也影响了下文的语篇发展模式，布什下文没有像罗斯福那样详细列举行为者的劣迹，而是聚焦于袭击方式、受灾画面和美国人们的救援行动。前者揭露袭击者的残忍、邪恶和卑鄙；后者凸显美国人们所表现出的友爱互助，这是美国克服恐怖袭击的资本。与罗斯福号召人们奋起抗击的文末措辞焦点不同，布什在文末聚焦于安抚民众，政府已经"采取各种措施保护国内外的美国人免遭再次袭击"，呼应了篇首叙事中行为者缺失的组织模式。

与《9·11讲话》相似，中国领导人胡锦涛《重要电视讲话》的要点之一也是安抚国内民众，但轰炸中国使馆的行为者十分明确，是以美国为首的北约集团。谴责并要求对方负责必然是胡锦涛讲话的焦点，在句法上则表现为使用强调陈述事实和提供信息的主动态叙事模式，这一句式凸出行为者的主动性和能为性。该叙事句法也预示了后文的布局，发挥了语篇组织的功能。与叙事方式相呼应，胡锦涛下文主要聚焦于中国政府和全国人民通过各种渠道所举行的各种抗议谴责活动：发表声明，召见美国大使，保留进一步措施的权利，全国各地举行座谈、集会、发抗议信或抗议电等活动。主动态的叙事措辞决定了下文将聚焦于对这一事件的各种反应活动，而不是罗斯福演讲中的"号召行动"，也不是布什演讲中的"行为方式"。

根据上面的分析，演讲语篇中修辞性叙事的语篇导向性作用可见一斑，叙事模式在全文的发展中起着重要的导向作用，具有凸显主题引导语篇发展方向的作用。叙事者所采用不同的句法产生不同信息焦点，必将昭示下文不同的语篇组织结构，因为"你所说的将为下文的大多数选择竖起了门槛"（Firth 1957：31）。

二、作为佐证的叙事

演讲者通过讲述一件已发生过的事件为自己的说服论证提供支撑性论据。作为一种事实性论据，叙事旨在证明其上下文所提观点。因其所叙事件的真实性而更可信更具说服力，因此，伟大的演讲者均十分重视演讲叙事的佐证功能。演讲者讲述发生在过去某一相同或相似语境的事件，可向受众证明自己关于某一主题的观点，以辅助论辩劝说等功能。

6. 一个事件的发生，是世界风云发生的先兆。1789年的法国革命，是19世纪中各国革命的先声。1917年的俄国革命，是20世纪中世界革命的先声。

——李大钊《庶民的胜利》

7. We met the issue of 1933 with courage and realism. We face this new crisis—this new threat to the security of our nation—with the same courage and realism.

（1933年，我们以勇气和现实的精神迎接了那一场危机；今天，我们以同样的勇气和现实精神来迎接这一场新的危机。）

——Franklin Roosevelt《炉边谈话》

例（6）中李大钊讲述了1789年法国革命和1917年的俄国革命分别掀起19世纪欧美革命和20世纪席卷全球的世界革命，借此证明1918年第一次世界大战的胜利是全世界普通民众胜利的先兆，预示着未来被压迫民族的革命必将风起云涌。例（7）同理，1940年12月欧洲大陆的反法西斯战争如火如荼地进行着，美国国内围绕着是否参战展开激烈论辩。罗斯福总统讲述美国人1933年凭借"勇气和现实的精神"克服了美国史上最严重的金融危机，以之为例，说明美国人仍然可以凭借勇气和现实的精神来战胜当前的危机。

作为一种事实性论据，演讲叙事意在借助叙事后效果服务于上位语篇主旨。如例（7）中罗斯福的叙事产生了一定的叙事后效果：使受众相信"勇气和现实的精神"能战胜新危机，该叙事效果与演讲主旨吻合。据此，演讲叙事并非本身"有趣就有效，它必须具有相关性"（胡曙中2005：119）。与劝说主旨是否相关是选择叙事要素的重要标准，为此演讲者常仅仅讲述与劝说主旨相关的叙事成分而忽略其他。

8. 亚非人民曾经长期遭受侵略和战争的苦难。许多亚非地区的人民曾经被殖民主义者强迫充当进行侵略战争的炮灰。

——周恩来《在亚非会议全体会议上的发言》

9. From our revolution, the Civil War, to the Great Depression to the civil rights movement, our people have always mustered the determination to construct from these crises the pillars of our history.

（从独立革命、内战、经济大萧条，直到民权运动，我国人民屡次在危机中下定决心，构筑我国的历史支柱。）

—— William Clinton First Inaugural Address

例8中周恩来通过对亚非两大洲近代史上共同遭受被侵略，被充当炮灰等事实足以证明亚非人民遭受侵略和战争。至于如何被充当炮灰的细节与论辩主旨无关，自然省略。例9，克林顿（Clinton）讲述自美国革命和南北战争，到经济大萧条及民权运动等，每一次民众均在危机中集聚信心，构筑国家历史的支柱，演讲叙事意在证明美国人民在国家建设中的重要作用。为便于受众准确攫取演讲叙事的旨意，优化叙事效果，作为演讲论据的叙事大多为受众所熟悉。罗斯福1940年讲述1933年的经济危机情景，为其受众（当时的全体美国人）所熟悉，其叙事旨意彰显无遗。同样，1954年距第二次世界大战不到10年，不少亚非国家刚刚摆脱帝国主义的侵略魔掌，周恩来关于"充当炮灰"的叙事自然为之所熟悉，同一般的修辞性叙事一样，演讲叙事的佐证功能为演讲者提供一种强有力的事实论据。演讲者通过讲述一件已发生的事件来证明某一观点、事实或行为的正确性和必要性。事实胜于雄辩，与空洞的理论说教相比，事实论据具有更强的现实说服力，也更易为受众所接受。英国哲学家图尔明的论辩结构模式理论赋予事实论据极其重要的功能，事实和主张加起来构成论辩的"主要的证明方式"（Toulmin 2003：90-91），甚至在某些情况下事实本身就是结论（朱永生、郑立信 2001：401-405）。陈望道先生也曾指出："实例是很重要的。它是归纳的依据，它有证实或驳倒陈述的实力。"（同上：81）为了提高论证说服的力度，演讲者也常诉诸于叙事的佐证功能，下面就让演讲语篇中的事实说话吧：

10. When George Washington first took the oath I have just sworn to uphold, news traveled slowly across the land by horseback and across the ocean by boat.Now, the sights and sounds of this ceremony are broadcast

instantaneously to billions around the world.

11.Under a wise policy the debts contracted in our Revolution and during the War of 1812 have been happily extinguished.

12. 前几天对天安门事件进行了平反，全国各族人民欢欣鼓舞，大大激发了人民群众的社会主义积极性。

例 10 选自美国期总统克林顿 1993 年的就职演讲词，通过叙述华盛顿就职宣誓的缓慢传递过程，对比当今全球范围同步收看的巨大反差。演说者意在以历史事实证明现实变化之大，强调我们要变革旧思想，因为"世界经济，世界环境，世界艾滋病危机，世界军备竞赛，这一切都在影响着我们大家"（Clinton 1993）。例 11 中，美国第十五任总统威廉·詹姆斯·K·波尔克（James Knox Polk）通过讲述以前的债务已经妥善解决，来说明联邦政府有能力解决其他债务及一切相关问题，通过这一事实说服人们他有能力管理好国家。中国领导人邓小平通过例 12 叙事了中国政府 1978 年关于"天安门事件"的处理结果：为 1976 年清明节因悼念周恩来而遭到迫害的所有人进行平反，并恢复其名誉。这是当时中国政府一系列拨乱反正行为之一，身为国家领导人的邓小平想借此说明以他为代表的新一届中国政府和党中央决心打破过去僵化的思想路线，解放思想，听取各方面建议，坚持言论自由和民主化道路。在当时特定的历史背景下，说话人深刻认识到真实事件更能说服人。

以上三例（10—12）均体现了演讲语篇常借助于人们所熟知的真实事件来支撑观点，为演讲劝说服务，这些熟悉的内容易于为受众解码和接受。此外，演讲者偶尔也诉诸于广为接受的传说或神话，如古希腊著名的哲学家苏格拉底在《申辩》就是通过讲述一个神话中的事件，来为自己申辩：

13. I myself, too, shall have a wonderful interest in there meeting, and conversing with Palamedes, and Ajax the son Telamon, and any other ancient hero who has suffered death through an unjust judegment.

—— Socrates Apology

苏格拉底因追求真理而蒙冤入狱并被判处死。在法庭申辩时，他通过讲述当时为人们所熟知的神话传说中人物因受不公平审判而死的事件，来影射当前对自己死刑的审判是不公平的，为自己的清白辩护。借用神话传说作为论据，演讲者主要利用传说事件所蕴含的寓意，通过类比来证明论点，因此这类传说应为受众耳熟能详的，假如其寓意不为受众所领悟，其预期的佐证功能也即荡然无存。

当然论证方式也可多样化，上面例子都是正论，其实演讲中叙事也可采取反证模式，从反面说明某一观点的正误属性。如 1825 年上任的美国总统卡尔文·库利奇（Calvin Coolidge）讲述了在第一次世界大战期间，民主党和共和党因对欧洲的不同态度而分裂的过程，目的是要证明如今随着战争的结束，分歧的根源也瓦解了，我们今后的目标是齐心协力为民造福。同样，1841 年上任的美国总统哈里森（William H. Harrison）在其就职演讲词中批判性地叙述了古罗马统治者在就职前后言行不一致，意在表明自己将会履行所做的承诺。

可见，演讲语篇中的修辞性叙事可以作为一种事实论据，在不扭曲事实的前提下，可以正反两个方面佐证观点，有效地服务于论辩说理。

三、作为情感诉诸的叙事

情感诉诸也是演讲叙事的重要功能，亚里士多德曾把把能否激起受众的感情作为劝说的三个诉诸手段之一。演讲叙事也承担吸引受众、激发受众情感的重要功能。我们以《最伟大的演说辞》第三卷"自由的呐喊"篇所收集 14 篇演说辞为调查对象，结果显示演讲叙事情感功能的出现频率达到 50%，超越了其论证功能的频率。演讲叙事是激起受众情感的重要途径，演讲者的过往经历有助于彰显其人格魅力，激发受众的敬佩或仰慕或同情等情感；通过讲述相同相似的经历，演讲者把受众放在同一团体内，激发起感同身受的体验，拉近距离。二者均有利于为受众接受劝说奠定情感基础。

（一）叙事的人格凸显功能

除仪态谈吐等，叙事也是演讲者人格表征的重要途径。仪态言谈展现的仅是演讲者现场的人格形象，演讲者通过讲述自己的过去能展现其一贯的长久人格，因而更易获取受众的信任和仰慕。如下例：

14. 他（蒋介石）在上海逮捕了七位救国领袖，我为了这件事，曾单身一个人没有带，乘军用机飞洛阳，请他释放那几位无辜的同胞。我所以积极援救他们，不过是因为主张相同，意志相同。

——张学良 1936 年 12 月 16 日《在市民大会讲演词》

15. Governments, both absolutist and republican, deported him from their territories.Bourgeois, whether conservative or ultra-democratic, vied with one another in heaping slanders upon him.All this he brushed aside as though it were cobweb, ignoring it, answering only when extreme necessity compelled him.

（各国政府——无论是专制政府还是共和政府都驱逐他；资产者——无论保守派或极端民主派，都竞相诽谤他，诅咒他。他对这一切毫不在意，把它们当作蛛丝一样轻轻抹去，只在万分必要时才给予答复。）

——恩格斯《在马克思墓前的讲话》

例 14 叙事者（张学良）讲述"我"曾单身一人飞往洛阳请求蒋介石释放七位救国领袖的事件，其"为了实行救国主张，置生死毁誉于度外，不顾一切，'为民请命'"的崇高人格品质和爱国主义情怀，必将为受众所领会和欣赏，其人格魅力大增，为其赢得受众信任添加了筹码。例 15 中，演讲者（恩格斯）通过讲述马克思对各种反动势力的压迫和诬蔑的反应，反证其人格的伟岸和不畏权贵的崇高品质，让受众对之肃然起敬。

（二）叙事的情感认同功能

演讲者通过讲述与受众相同或相似的经历以获得受众的感同身受，为演讲劝说奠定情感基础。

16. 白求恩大夫于 1939 年在中国最艰苦的前线——解放区游击战前线——为抢救伤员献出了自己的生命。

17.It was here, 37 years ago, that the Shanghai Communiqué opened the door to a new chapter of engagement between our governments and among our people.

（37年前，就是在这儿，《上海联合公报》打开我们两国政府和人民交往的大门。）

例16出自宋庆龄1981年《在接受加拿大维多利亚大学荣誉法学博士学位的仪式上的讲话》，宋庆龄讲述了欧裔加拿大人白求恩大夫1939年在中国战场为抢救伤员而牺牲的事迹，突出中国的革命战争和建设不仅得到华裔加拿大人帮助，也得到了酷爱正义的欧裔加拿大人的帮助，从而拉近了与欧裔加拿大受众距离，赢得了其信任与好感。

例17出自美国现任总统奥巴马2008年访华发表的《上海讲话》，奥巴马强调上海是揭开中美关系新篇章的《中美联合公报》发表的地方，而他此次来访以上海为首站，把自己和37年中首位来访新中国的美国总统尼克松同一起来，暗示其将维护《中美联合公报》；同时又把自己和受众作为共同维护中美友好关系的使者而同一起来。据此，奥巴马的演讲叙事一箭三雕，均符合受众的心理期望，为其演讲劝说打下良好的情感基础。

演讲叙事的情感诉诸首先通过叙事结构中的评价部分来实现，叙事者通过情态词语辞激起受众的特定情感，诱使受众"对所讨论的问题迅速作出反应……强烈的感情和打动人心的力量"（王希杰2004：438）。如下例子：

18. The first half of this century has been marked by unprecedented and brutal attacks on the rights of man, and by the two most frightful wars in history. The supreme need of our time is for men to learn to live together in peace and harmony.

19. During the throes and convulsions of the ancient world, during the agonizing spasms of infuriated man, seeking through blood and slaughter his long-lost liberty, it was not wonderful that the agitation of the billows should reach even this distant and peaceful shore.

例18出自美国前总统杜鲁门1949年的就职演讲词，杜鲁门概略讲述了20

世纪上半叶所经历的两次世界大战,通过形容词最高级作为评价手段来影响受众对战争的情感,告诫人们目前最迫切的任务是要学会和平相处,否则可怕的战争还会发生。同理托马斯·杰斐逊(Thomas Jefferson)在 1801 年的就职演讲词中(例 19)关于过去人们为争夺自由而相互残杀的叙事中,也使用显性感情色彩词汇如"throes(阵痛)"、"convulsions(骚动)"、"blood and slaughter(流血、杀戮)"等,表达对战争的厌恶和对自由的尊重,呼吁人们相互宽容,容许一定程度分歧的存在。

其次,有些叙事整体旨在赢得受众的"同一"情感。在《动机语法》(*A Rhetoric of Motives*)里,肯尼斯·伯克认为劝说者要获得劝说的成功,则必须使用同样的意念、态度和观点等把自己和受众"同一"起来。(胡曙中 2005:88)这种同一性也是演讲语篇中修辞性叙事的重要使命,此类叙事不是为了论证或引出主题,而是为了赢得具有相同或相似经历的感受,以获取听众的感同身受,为后来的说服奠定情感基础。新中国第一位总理周恩来的《在亚非会议全体会议上的发言》,通过对亚非两大洲近代史上共同遭受"掠夺和压迫"等的叙事,获得"同一"的效果,拉近这些国家之间的关系。这为受众接受其演说目的奠定了良好的感情基础:倡导在坚持五项原则基础上,实现国家之间的和平共处(例 8 所示)。

受众共享的文化可以是获取同一性的重要依托。美国总统在其就职演说中总是不断提到宗教和美国的历史,正是希望借助这两大共性以获得最大程度的同一性,尤其在美国遭遇重大挫折时期的就职演讲词里。在美国政府成立之初,局势尚未稳定,百废待兴之时,首任总统华盛顿在就职演说讲述了美国迈向独立国家和联邦政府体制重大改革等事件,并有意点明这些事件都获得"某种天佑"。演讲者旨在凸显所有美国是上帝的选民(chosen people),受到上帝的特殊宠爱,从而把美国人民作为一个整体同一起来,并区别于其他民族和政府,"此种方式是不能与大多数政府的组建方式相提并论的"(陈栎宇编 2009:21)。

美国第 40 任总统里根(Ronald Reagan)在 1981 年就职时,美国经济遇到了他所谓的"美国历史上最糟糕持续时间最长的通货膨胀"。为了振作人们低落的情绪，里根在就职演讲中叙事了国父华盛顿领导美国先辈们建国、杰斐逊制定《独立宣言》、林肯领导内战的胜利等国家元首的丰功伟绩；此外，他还特别详细地讲述了小兵马丁·特普托（Martin Treptow）的英勇事迹，以点代面地称颂了一些平民英雄的卫国精神。演讲者通过叙述在国家危难之时，迎难而上的扭转困难局面的总统和平民英雄事迹，意在表明无论国家元首还是普通民众都可以这些人为楷模，成为扭转当前困难时局的英雄之一。在这种意义上总统和民众获得了同一，其劝说目的也更易为受众接受。

2009 年的奥巴马就职演讲更是在美国内困外患的艰难局面中举行的，奥巴马在演讲中呈现更多旨在获得"同一性"的叙事。其对美国历史上内务和外交等方面困难事件的叙事也旨在激励处于困境的美国人民甘当扭转时势的英雄。同时作为美国历史上第一个有色总统，奥巴马的叙事还利用其特殊的身份和经历争取多重的同一。通过被公认为美国先祖——首批移民的艰苦开拓荒的叙事，实现了"美国和美国人"的同一，他虽为黑人却代表整个美国，而非有色种族："以美国为大，大与小我，大于因出身、财富或派系的分歧"；在竞选中奥巴马也多次强调"我们谈的是美国"极力淡化黑人白人之分。"一个父亲在差不多六十年前或在餐厅不获招待的男子今天能站在你们的面前，作出最庄严的宣誓。"奥巴马把这件事放在一个时代背景大环境下进行的，通过不定冠词的使用表明这不是某个人遇到的事情，而是一类人，处于社会底层的黑人甚或所有有色人种都可能遇到的事。这样该叙事就把奥巴马和所有色人群体统一起来，他们曾经都饱受歧视和不平，如今作为有色人种的"他"一跃成为国家元首，其他人也会有这种机会，因为一切都是可能的，只要你努力！当然奥巴马也通过大量其他方式，如人称代词等获得同一性，但与本节主题无关，不再赘述。

最后值得一提的是，有的叙事可能同时兼具有多种功能，如 14 世纪英国社会改革家约翰·保尔曾这样开始他的一个短篇演讲："When Adam delved and Eve span, Who was then the gentleman?"（徐翰林编译 2005：22）首先，这一叙事通过反问指向了文章的主题：人生来是自由平等的，等级和压迫是统治阶级强加的。这一主题也昭示了后文的内容拓展方向，保尔接着指出他这一说法的依据和意义，并号召人们起来除去所有的压迫者以获得"在一切事物上的同等尊严和权威"（同上：23）。同时这一叙事又典出于圣经故事，在一个人人相信基督教的国度里，很容易获得情感认同，增强了同一性。

综上所述，叙事作为一种讲述已发生事情的手段，在演讲语篇里发挥着特殊的修辞性功能。叙事之意不在事，而在"叙事之后效果"，演讲者主要关注叙事作为"修辞手段在特定语境中发挥的作用"（申丹 2002：41）。作为语篇导向的叙事在谋篇上具凸显主题，统领全篇，提供语篇发展的楔子，限定发展方向等功能；作为佐证的叙事通过事实论据增强文章的说服力，更易为受众接纳；作为情感诉求的叙事既可以通过评价激起受众的情感，因为"感情激动的人容易受人挑衅"（胡曙中 2005：99），也可以通过讲述与受众相同或相似的经历，从而获得"同一性"。当受众的情感被激起，演讲者就可以引导受众做出他所期望的判断，实现他的说服目的。

四、三种功能在演讲语篇中的分布研究

叙事的上述三种功能普遍存在于演讲语篇中，辅助演讲者的论辩劝说主旨。为了更好把握演讲叙事的使用情况，我们调查了《最伟大的演说辞》第三卷"自由的呐喊"篇所收集 14 篇演说辞为素材，归纳总结其中的演讲叙事功能分布情况（见表 3）。

表 3　演讲语篇中叙事功能模式统计

功能	提供论据	表达情感		语篇导向	合计
		人格	同一		
数量	28	8	28	8	64
所占百分比	44	50		6	100

表 3 统计数据表明，除了传统的"提供论据"，演讲者叙事更多旨在利用其情感表达功能。所调查的 14 篇演讲词共有 64 例叙事，其中提供论据的功能尚不及一半（仅有 28 例，44%）；表达情感功能已经取而代之跃居第一，共有 36 例（50%），其中 28 例（44%）是为了争取受众的"同一"感，通过叙事激发受

众产生演讲所需的愤怒、同情及愉悦等情感，适时地劝说受众接受某一观点或采取某一行动。如 1917 年 4 月初，5 艘美国商船被德国潜艇击沉后，时任总统 Woodrow Wilson 发表演说，讲述德国的恶行："美国的船只已经被击沉，许多美国人付出了生命……"旨在激发包括国会成员在内的受众的愤怒之情，并要求国会同意对德宣战。演讲者凭借叙事激发了受众情感，国会最终同意发动对德战争。

此外，演讲修辞性叙事还可发挥背景性作用，为行文发展需要进行铺垫。另外履行某一功能的叙事可以是单个事件，或是多个事件的综述；可能是个人性叙事，或是集体性叙事。

第三节　演讲叙事结构模式分析

叙事功能的发挥离不开叙事的话语表达模式，叙事事件的不同表达方式又将产生不同的意义。（米勒 2002：32）在《叙事话语》《新叙事话语》和《虚构与行文》等作品中，热拉尔·热奈特曾多次论述叙事频率、时距、语式和语态等话语元素对语义表达的影响，如重复叙事可以加强某个具体事件的整体意义或效果。叙事结构是叙事实践和理论研究中不可或缺的关键成分，本节将在传统叙事结构理论的基础上尝试勾勒演讲叙事的结构模式。

一、叙事结构理论

自拉基米尔·普罗普的《故事形态学》以来，叙事结构模式一直是该学科的焦点之一。经典叙事学正是受结构主义语言学的影响而诞生的，致力于建构叙事语法即叙事结构的研究，因此也称结构主义叙事学。即便是在后经典叙事理论主导的今天，叙事内容与结构形式之间的交互关系不但没完全淡出该学科研究视域，反而是经典叙事学和后经典叙事学形成接口的纽带，成为叙事学研究的重要板块。

(一) 早期叙事结构理论

早期叙事结构理论主要关注神话、文学作品等叙事主导型语篇中的叙事深层结构。虽然作为一门学科的叙事学在20世纪六七十年代才始成型，然而两千多年前，亚里士多德在《诗学》里就系统地阐述了叙事结构理论，亚里士多德指出任何叙事都是有起因（头）、发展（身）和结局（尾）三部分组成的一个有机整体。（1982：25）亚里士多德的《诗学》和叙事结构理论影响了后来的西方主要文艺理论流派。（米勒 2002：2）现代叙事结构理论的另一源头是索绪尔的符号理论，其初版于1916年的《普通语言学教程》把语言概括为一种特殊的符号系统。在这个系统里，各元素完全由它们所在系统中的相互关系界定，构成了言语体系的深层结构。（索绪尔 2009：88-89）受到索绪尔的语言符号系统理论的启发，结构主义叙事学先驱们致力于提取叙事文本的内在结构，把叙事结构看作一个自足的体系，具有相对稳定的情节（抽象的所指）体系，拉基米尔·普罗普称之为角色功能体系。"无论故事中的人物如何变化，人物在抽象的结构层面承担的功能是相同的。"（申丹 2010：44）具体的能指意义取决于其所指在系统中的相互关系。

第二次世界大战后，结构主义语言学重心转移到法国，推动了法国叙事结构理论的兴盛。1950年，厄·苏里奥总结出更具实践意义的戏剧叙事六功能；法国另一叙事学者克劳德·布雷蒙（1973）在总结已有相关研究的基础上，侧重研究叙事功能、序列之间的因果逻辑关系，为解读复杂的叙事现象提供了理论依据；罗兰·巴尔特是第一个深入研究叙事结构体系的学者，其《叙事作品结构分析导论》（1967）描述了一个包括"功能"层、"行动"层和"叙述"层的叙事结构模式。罗兰·巴尔特的理论不仅注重概括提取叙事作品的内在结构，也注意研究叙事的话语层面，成为结构主义叙事学理论向后结构主义转变的重要转折点。

(二) 三大叙事话语结构模式

罗兰·巴尔特之后的叙事结构理论突破事件体系本身，更加注重叙事话语层面的结构模式研究，积极寻求社会语言学、语篇语言学、心理学语言等学科理论的支撑，形成众多的叙事模式。黄国文（2001：194）总结了话语层面的三种主要叙事模式：社会语言学模式（Labov 1972）、心理语言学模式（J. Mandler

1978,Jan Renkema 1993、2004) 和篇章语法分析模式 (van Dijk 1980, de Beaugrande 1982)。

作为社会语言学者的威廉·拉波夫更关心叙事者的社会特征是否影响其叙事结构模式。为此,威廉·拉波夫(Labov 1972:354-396)抽取一个黑人社区各年龄层成员的个人叙事语料,作为研究样本分析。威廉·拉波夫的研究虽然未能证明社会特征与叙事结构之关系(395),却得出三个有关叙事普遍结构的重要结论:①完整叙事有六个基本成分(详见第三章第三节的相关介绍);②最小叙事单元(a minimal narrative)包含两个有时间先后关系的小句;③叙事句必须是独立句,而不能是从句(378)。在威廉·拉波夫看来,情态动词、否定词、助动词以及嵌入结构等资源都是评价资源而非叙事成分。

心理语言学模式(Renkema 1993,2004)模仿生成语言学的句法重写规则,把让·曼德勒(Jean Mandler)和南希·约翰逊(Nancy Johson)的叙事语法结构(1977)描写如下:

> Story grammar rules
> Story —> setting, episode
> episode—>beginning, development, ending
> development—> complex reaction, goal path
> complex reaction—>simple reaction, goal
> goal path—> attempt, result
>
> (Renkema 2004:195)

叙事由背景和情节组成,类似于威廉·拉波夫的指向和进展;情节又分为开始、进展和结局;发展包括复杂反应和目标路径;目标路径分为试做和后果。让·曼德勒和南希·约翰逊依据人脑的记忆规律,把人容易记住的成分看作是叙事的基本成分。通过让参加试验者复述故事,他们得出背景、开始、反应、试做、结果和结局为叙事的基本成分的结论。

凡·戴克指出叙事特征影响着叙事语篇的宏观结构体系,如背景必须由静态或动态描写句构成,进展部分必须是对一个事件描述的一组陈述系列句组合,并从篇章的视角总结出典型叙事结构模型(van Dijk 1980:116),详见黄国文

（2001：194）。

(三) 米勒之蛇影舞动

无论是早期的经典叙事结构模式，还是语言学派的三种模式，其理论基本上都遵循了亚里士多德式线性结构。希利斯·米勒从解构主义视角对传统叙事模式进行了猛烈攻击。(Miller 1982；希利斯·米勒 2002) 米勒指出，在亚里士多德《诗学》所提出的包括开头、中间和结尾的叙事整体结构理论里，"叙事被视为因果相接的一串事件"（2002：6），这一传统"贯穿于西方涉及写故事和讲故事的所有传统术语"（43）。米勒认为这一现象十分怪诞，因为叙事"不是一个自足的整体，而是从一个大的行动中任意切割下来的一个片段"（2002：8）。叙事开头和结尾都是悖论，开始所描述的事件"是构成故事生成的源泉和支配力"，而该事件本身也是以其他事件为基础的。同样，结尾事件又必然是下一个事件的源泉，因此任何叙事都无法显示其开头和结尾。（50）真实小说的中间部分应该像特利姆下士[1]的空中舞动一样，自由、突然、弯来绕去，是一个不停舞动的蛇影，我们辨不出其头尾和相互关联性，巴尔扎克所描绘的头尾分明且静态的蛇是对事实的一种歪曲。（69）

面对米勒的挑战，叙事修辞理论学者詹姆斯·费伦提出了一种动态的结构分析模式，注重叙事过程分析。叙事始于某种张力和不平衡，而不一定是一个事件的真正开始。另外，詹姆斯·费伦指出希利斯·米勒之所以认为叙事结构理论陷入绝境，根源在于其割裂文本与作者及受众的关系。在詹姆斯·费伦的修辞框架理论中，"文本是作者和读者运用各种要素所进行的交易，所有要素是依据特定目的而作的选择"（Phelan 1989：215）。麦克·卡恩斯也以同样方式回应了米勒的责难，指出断点不确定问题并不妨碍我们"在某一叙事作品中认出开始、结束和因果关系"（Kearns 1999：126-128）。

笔者认为希利斯·米勒的解构主义"反情节"理论，混淆了自然现象与作为一种艺术产品的叙事，忽略了叙事是人类组织其生活经验的一种方式，显然有悖

---

[1] 劳伦斯·斯特恩作品《项狄传》（蒲隆译，译林出版社2006）中的人物，为表达自己对人生的见解，曾用木棍在沙土上画了一条曲线。

于叙事常理，也无法用于指导叙事分析实践。

二、演讲语篇中的叙事模式

语言学三大派别的结构理论主要以日常话语或新闻语篇为研究对象，皆以传递真实事件信息为中心。其中，威廉·拉波夫模式是最早提出的也是最有影响力（黄国文 2001：194），是当前语篇分析实践运用最广的模式（Michael McCarthy 2004：33），后来的叙事语篇研究大多以威廉·拉波夫式为模版（Martin 2004：556；Michael Stubs 1983：32-32，118-119；Barbara Johnstone 2001：637-638）。中国学者黄国文曾以威廉·拉波夫社会语言学的叙事模式为参照，研究了广告语篇里的叙事特点，其结果肯定了威廉·拉波夫的两个观点：最小叙事结构应至少有两个叙述句；"叙事句表示的动作发生的先后顺序就是实际事件发生的顺序。"（2001：206）我国另一位学者屈承熹在论及叙事时也重申了威廉·拉波夫的观点：从属句不表达叙事，主句才能表达叙事。（2006：176）罗兰·巴尔特、里蒙·凯南等也都支持威廉·拉波夫的"至少包含两个先后发生的事件"（Abbott 2007：12）。

那么这些模式理论是否也适用于不以信息传递为中心的演讲叙事呢？对照上述叙事结构理论，下面两个来自演讲语篇的例子严格来说没有叙事：

1. Only miles here in Belgium lie the bodies of 120,000 British soldiers who died in the First World War.

2. I have been to Kitty Hawk and seen the places where the Wright brothers imagined the future and then literally flew across its high frontier.

例 1 的主句中谓语动词是一个表示"存在状态"意义的"躺着"，没有"重述已发生事件"的叙事功能；从句谓语动词是一个动作（died）的过去式，表述了一个已发生过的事件。根据威廉·拉波夫等人的从句不叙事观点，例 1 没有叙事。例 2 的主句按黄国文对威廉·拉波夫观点的解读也不是叙事，进行体和完成体语句一般不叙事（黄国文 2001：190），该句的谓语部分"Have been to...seen"使用了完成时态，其从句中的谓语虽然用了可以叙事的一般过去时，但又违反了屈承熹的"从句不叙事"观点。

然而上面所举例子的确重述了过去发生的事件，例1的"士兵在二战中死去"；例2重述了两件事："我曾去吉提霍克村参观"和"赖特兄弟一飞冲天"。根据热拉尔·热奈特的观点"只要有（即使是唯一的）行为或事件，就有叙事"（1998:201-202）。据此可断言，上举两句均有叙事。2003年，中国总理温家宝在哈佛大学发表演讲时，也曾借用从句叙事："美国人民在遭受'9·11'恐怖袭击时所表现出来的镇定、互助和勇气，令人钦佩。"可见，不同于已有关于叙事结构的理论，演讲语篇中的简单句、从属句和完成时态皆履行了叙事功能。上面的分析表明演讲叙事在句法上可能不是严格的叙述句，下面将考查叙事语篇模式方面的情况。

在演讲语篇中，叙事只是多种说服手段之一，属于互文性语篇中的附属性片段，在语篇成分上所占比例较小。同时，演讲话语独特的修辞情景决定了演讲者必须遵守严格的时限性，为了在有限的时间内向受众提供尽可能多的说服材料，演讲尤其政治演讲话语皆追求高度浓缩性的表达模式。基于以上两点，关于演讲叙事模式，我们尝试着提出以下两个假设：演讲叙事的结构可能不完整；演讲叙事的情节可能较为概括简洁。下文将以讲述珍珠港事件的三个不同文本为例，尝试分析不同语体语篇所采取的叙事模式的异同点，期望分析的结果能有助于验证上述两个假设。

在以记载事实为生命的历史性著作《一九〇〇年以来的美国史》（阿瑟·林克，威廉·卡顿：180-186）[1]，作者用四页半纸张共约4 641个汉字来讲述这一事件，赋予其非常完整的结构。其中背景部分交代了美日早已存在的分歧、美国政府内部多次商谈未果、日本政府内部分歧以及中英政府的参与活动；指向部分叙述了1941年11月25日日本的航空母舰特遣队驶离千岛群岛，要去袭击美国珍珠港军事基地、12月1日日本决定发动战争和12月6日大量日军向马来西亚推进等事件；进展部分包括日军三次袭击过程；结局部分介绍了美军惨重的伤亡和日军的损失；回应部分告诉读者美国宣布参战。

---

[1] 由于原文篇幅太长我们无法全引，只能描述。

同一事件在演讲叙事中又是如何被呈现呢？时任美国总统罗斯福在事发第二天的宣战动员讲话中对该事件的叙述（本章第二节的例3）没有点题和背景，以评价开始，然后一句话包含了事件的进展和结局，为达到劝说受众同意美国参战的目的。下面例3是艾森豪威尔总统在1953年就职演讲时对该事件的叙事：

3.We have passed through the anxieties of depression and war to a summit untouched in man's history.

与历史叙事不同，在这一悲剧性事件发生后的第二天，罗斯福面对全体国会成员仅用一句话简要概述了该袭击事件。演讲者虽然紧接着用三个小段共187单词来讲述此前几天美日政府之间所展开的外交协商活动，来解释 suddenly and deliberately，但没有进一步提及这一袭击事件的具体原因、美日各自政府内部分歧和美日之间的恩怨纠葛等背景，也没提及历史书中所详细交待的袭击细节和过程，其中的有标记主位凸显了演说者对这一事件的情感评价：美国蒙受了极大的耻辱。艾森豪威尔的就职演讲词对这一事件的处理更为简练，使用了一个包含该事件的外延较宽的上义性词组，"the anxieties of depression and war"。该词组同时指涉了珍珠港事件以外的其他事件，如美国历史上经历过的所有经济政治危机，当然包括十多年前的珍珠港事件。演讲者通过省略具体的时间和地点来使这一表达泛化，为其他演讲成分节省了大量空间。

如所料，上面的分析结果证明了此前的两个假设：首先，演讲叙事的结构可以不完整，如罗斯福关于珍珠港事件的叙事所示。其次，演讲者尽量概括简化其叙事情节，如例3（艾森豪威尔的战事总结）的叙事所示。在本来时空很有限的演讲语篇里，处于附属性地位的演讲叙事必须遵循最简原则，演讲者必然省略一切可从背景里提取的或与演讲目的无关的东西。超乎我们假设的是，分析结果显示罗斯福在简化叙事的同时，又"不合常理地"通过标记性主位，"……将永远成为一个耻辱的日子"，表达说话者个人对这一事件的情感态度。那么我们读者（受众）又该如何解释这一"不合常理"现象呢？对这一问题的回答牵涉到演讲叙事的修辞目的，演讲者叙事旨在帮助说服受众，而不是客观地重现过去所发生的事件。为此，演讲者必须激起受众的适宜情感，为其最终的劝说奠定情感基础。罗斯福此处修辞目的正是要通过叙事的评价部分激起美国人民的耻辱感和愤怒情绪，以便更有效地说服其接受对日宣战的提议。

为比较，笔者统计了美国奥巴马总统 2009 年 1 月 20 日的就职演讲叙事和作家厄内斯特海明威的叙事体短篇小说《雨中猫》叙事模式（见表 4 和表 5）。

表 4　Obama 2009 年 1 月 20 日就职演讲词中的叙事模式统计表

	点题 Abstract	背景或指向 Orientation	事件进展 Complicating action	评价 Evaluation	结局 resolution	回应 Coda
1			✓	✓		
2	✓	✓	✓	✓	✓	✓
3	✓	✓	✓	✓	✓	✓
4		✓	✓	✓	✓	✓
5			✓			
6			✓	✓		✓
7						
8		✓				
9		✓	✓			✓

表 5　海明威《雨中猫》的叙事模式

	点题 Abstract	背景或指向 Orientation	事件进展 Complicating action	评价 Evaluation	结局 resolution	回应 Coda
1	✓	✓	✓	✓	✓	✓
2		✓	✓		✓	
3			✓			
4	✓	✓	✓	✓	✓	✓

以威廉·拉波夫模式为参照，奥巴马首次就职演讲语篇共有 9 次叙事，第 2、3 两个叙事结构相对完整，包含了威廉·拉波夫模式的所有要素。其他 7 个叙事结构均不完整，其中第 5 次叙事和第 8 次叙事仅用一个从句叙事，明显违背了"从

属句不表达叙事，主句才能表达叙事"论点（屈承熹 2006：176），而第 7 次叙事仅以一个历史地点名词来讲述整个战事。与之相对，海明威的《雨中猫》小说叙事结构较完整（事件 1 和事件 4），其"事件进展部分"较为复杂，包含多个系列句子；尽管作为次叙事的事件 2 和事件 3 均缺少点题，但其他部分均较完备。

三、演讲叙事的结构性缺损

结构缺损和情节简化也是演讲叙事的重要结构性策略，演讲目的将对这些叙事形式产生重要的修辞性制约。

本章第一节第二部分区分了叙事性演讲语篇和演讲正文里的叙事。我们发现二者的叙事模式结构也不尽相同，前者不乏完整的叙事结构。如吉迪恩·豪斯纳的《那人就是艾希曼》，不仅详细讲述了以艾希曼为代表的纳粹分子对犹太人的丧心病狂的屠杀，其中既有点题、指向、发展、评价、总结和回应等，甚至包含有大量的细节描写。然而在公众演讲语篇，结构完整的叙事仅是少数例外。在更多的公众演讲语篇里，演讲者无法像在叙事性文章中那样充分展开其叙述。例如 1936 年 10 月 19 日，在鲁迅先生的葬礼上，邹韬奋先生只用两个短句"有人是不战而屈，鲁迅是战而不屈"，高度概括了讲述了鲁迅与各种反动势力做艰苦卓绝的战斗一生，该叙事仅有进展和评议，省略了点题、指向结局和回应等。

（一）淡化背景

公众演讲，特别是说服性演讲中的修辞叙事大多淡化背景。如上文所述，历史书在对珍珠港事件进行叙事的同时，交代了大量关于此前美国和日本、英国及其他国家之间的多轮交涉等背景性事件，这一切在艾森豪威尔的演讲中一律被忽视。虽然罗斯福也提及了双方此前一直在接触的事实，但其主要目的仅是凸显事件的"突然"性和日方的"挑衅"性，以激起美国内人民的怒气和战斗激情，至于总统本人一直在为参战做动员工作，并一再警告人们战争即将来临，罗斯福则闭口不谈。即使在以叙事为主的豪斯纳演讲语篇中也缺少背景，演讲者并没有交代德国人为什么要大肆屠杀犹太人等。再如下例：

4. After the shipwreck of communism came years of relative quiet, years of repose, years of sabbatical — and then there came a day of fire.

布什在 2005 年的第二次就职演词中回顾了 20 世纪 90 年代初中东各国政局所经历的震荡，同样淡化了背景。布什仅用词组 the shipwreck of communism 叙述以前苏联为首的东欧共产主义世界的垮塌，但没有交代原因。与罗斯福叙事的处理方式不同，布什此处修辞策略主要通过表达先后关系的时间副词"after""then"以及重复使用的"years of"短语来强调这些事件之间的因果关联。正是标志着冷战结束的共产主义崩溃给美国带来数年的轻松甚至松懈，因而导致了 9·11 事件的产生，"fire"此处即指 9·11 事件。演讲者叙事目的是要凸显这一系列事件的相互关联性，意在说明 9·11 事件的发生不是偶然的，为其政府职能部门推卸责任。另一方面，东欧共产主义世界崩溃的原因无助于这一演讲目，其遭遇修辞性忽视也是情理之中，因为劝说论辩过多会失去听众。（胡曙中 2005：96）

（二）重评价，轻过程

在极尽所能地节约叙事话语和省略叙事过程的同时，演讲者在叙事中又常出人意料地凸显一定的个人情感和态度。不同于小说文本的重情节以情节吸引人，也不同于历史叙事尽量追求客观效果的做法，演讲叙事的焦点不在叙事本身，而在叙事之外的说服目的。为了优化叙事的修辞效果，演讲者在叙事时总是不失时机地掺入不同程度和性质的个人评价，以诱导受众的适切反应。如罗斯福的演讲叙事省略了背景和指向，整个事件的发展过程及日军持续几个小时的三轮轰炸只字未提，而把着力点放在事件的结果"我们被袭击了"和对事件的评价方面"美国最可耻的日子"和"突然地、故意地"。相比之下，历史书更注重日军的准备活动以及多次袭击过程，而罗斯福仅用一个强调结果的被动句来描述这一事件。

同样，下例选自杜鲁门总统 1945 年《在日本投降时发表的广播演说》中的一个叙事：

5. Four years ago, the thoughts and fears of the whole civilized world were centered on another piece of American soil— Pearl Harbor.The mighty threat to civilization which began there is now laid at rest.

珍珠港事件，作为美国有史以来所遭遇的最惨痛的外来袭击，是杜鲁门战后总结演讲不可回避的话题之一。演讲者用"对文明的威胁"来指代这一事件，凸出其态度评价，严厉谴责肇事者的恶劣行为，另外"threat"、"fear"和"civilized world"等情感态度词更强化了这一情感。叙事点题之后，杜鲁门随即转向评价，对于袭击过程和后果则只字不提，原因在于战争刚刚结束，受众对战事的亲身经历使得细节描述成为累赘。因此杜鲁门总统此处措辞主要目的是总结战事，表明自己的立场，安抚民众，并谴责肇事者。

对比罗斯福和杜鲁门对同一事件的评价，笔者发现二者使用了不同性质的情感评价：罗斯福主要关注该事件对美国的打击，让美国蒙受耻辱；杜鲁门侧重于这一事件对人类文明的威胁，强调其非正义性。这主要取决各自不同的演讲目的，前文已有分析，不再赘述。

附属性地位要求演讲叙事必须简洁，以免喧宾夺主，另一方面服务于特定演讲目的的修辞功能又需要叙事者明确其立场。这些因素共同造就了演讲修辞叙事的"重评价，轻过程"的结构特点。

四、情节的简化

叙事情节指一个或多个行为动作的发生过程，是叙事结构的核心部分。但不同于省略部分叙事因子的结构性策略，情节简化策略主要通过使用一个概括性的叙事表达单位，同时包容了多个叙事步骤甚或多个叙事。如罗斯福1940年12月的炉边谈话中有一句，"We met the issue of 1933 with courage and realism."讲述的是美国人民1933年用勇气和正视现实的精神战胜了经济危机，说话者意在号召人民以同样的精神支持英法等国的反法西斯战争。该叙事模式极为简洁凝练，把当时全国上下齐动员克服整个危机的所有情节都浓缩在两个词组里"met the issue"和"with courage and realism"。当一个演讲牵涉多个话题而又无法一一顾及时,提炼相关事件和浓缩情节必然是建构演讲叙事的一个重要策略,演讲者通过概括提炼、从属句和名词叙事等方式简化情节。

(一) 概括提炼

概括提炼涉及语词的上下义关系,主要是利用外延较宽的上义词涵盖两个或多个外延较窄的下义词,如可用上义词"学习"涵盖"写字"、"大声朗读"和"默读"等。同样,句子层面上的表达法也可具有上下义关系,如我们可用两个句子"那个时候,他教我英语,我帮他做饭"表达两件事,我们也可以用一个句子来概括:"那个时候,我们相互帮助。"演讲者正是利用上义性语句的概括性功能把多件事情容纳进一个叙事单位里,以期同时完成几个叙事,凡·戴克(van Dijk 1980:143)用宏观结构指称这一语篇组织现象。美国艾森豪威尔总统在1953年的就职演说词仅用一个包括九个词的短句"Great nations of Europe have fought their bloodiest Wars",其中两个同源词"fought"和"Wars"概括地包容了欧洲历史上两次世界大战中持续近二十年的所有战事。更多的例证:

6. And then my mind goes back across the years to the days when the Russian armies were our Allies against the same deadly foe, when they fought with so much valor and constancy and helped to gain a victory...

7. Without the assistance of that Divine Being whoever attended him (华盛顿,本作作者注), I cannot succeed.

8. This government, alleging the defeat of our armies, has made contact with enemy to put an end to the fight.

例6出自1941年时任英国首相的丘吉尔就德国入侵苏联时发表著名的广播演说(Broadcast on Russian Being Invaded),两个动词词组"fought with so much valor and constancy"和"helped to gain a victory"概括性地讲述了第一次世界大战时期发生在欧洲战场上与俄军有关的主要战事,包括英、法、俄、日等国组成的协约国集团以对抗德、意、奥等组成的同盟国集团,以及东普鲁士战役、喀尔巴阡冬季战役、戈尔利采战役等主要战事。

例 7 出自美国第 16 任林肯总统 1861 年离开伊利诺伊州就任总统前的告别演说，林肯把自己和华盛顿作比，华盛顿当年在上帝的匡扶下做出了种种成就，包括领导殖民地人民战斗八年、打败了强大的大英帝国、建立国家和颁布国家宪法等，这一系列事件均浓缩在一个从句，"上帝匡扶他所做的成就"，其意显然。

例 8 更是把演讲叙事的概括提炼功能发挥到了极致，1940 年流亡英国的戴高乐将军，把法国政府借口法军打败仗而同德国法西斯谈判和谋求投降的一系列事件融合在一个词组"made contact with"。这个仅包含二十个单词的句子成功建构了是一个相对完整的叙事，甚至还提供了背景（我们吃了败仗）；指向和发展被融合进了一个词组里"made contact with"，抽象名词 contact 更是提升了其概括性功能；另外，评价主要通过富有感情色彩的名词"This government"、"our armies"、"enemy"等完成，带有特指意义名词词组"the fight"指称当时正在进行的法德战争，因而实现了"回应"功能。

可见，通过概括性表达法把多件事浓缩进一个叙事单位，是演讲者简化情节节约用词的一个有效策略。演讲者可借此实现一石双鸟，甚或一石多鸟的效果。

（二）从属句叙事，增加叙事容量

除了可以通过"以一对多"的叙事方式来节约演讲用词，演讲者还常把整个叙事压缩进一个从属小句里，尽管屈承熹先生 2006 年主要从整个语篇的前景后景推进关系角度，重申威廉·拉波夫只有主句才能叙事的观点，事实上演讲语篇中存有大量用从属小句叙事的例子。

9. ....though you have been caught yourself in open treason, and informed against yourself after the fact, you revile and reproach me for things, which you will find any man is chargeable with sooner than I.

10. 被红军和我们盟国的军队征服的法西斯德国已经承认它的败北，并宣布了无条件投降。

11. It's very little satisfaction to me that this is only one-third as many letters as I signed the first week in office.

例 9 出自古雅典演说家狄摩西尼的著名演说《金冠辩》。狄摩西尼为了融入更多的叙事，增强其说服力，在一个叙事单元的主从句里共容纳了三件事。不仅其主句里有叙事："你以我决不可能犯的错来辱骂我、谴责我"；从句也包含了两个叙事"你在公开叛变中被当场捕获"和"事后也遭到告发"。

同样，斯大林如例 10 所示在《宣布战胜德国法西斯的演说》里，也同时在主从句里融入了三个叙事单位，分别是从句的"法西斯德国已被我军和盟国军队征服"、主句里的"德国已承认失败"和"宣布投降"。叙事的效率和语言的表达力在此均得到极大提升。

有时演讲者根据上下文的需要，甚至在主句没有叙事的情况下，仅通过从句来叙事。例 11 的主句描述了说话者的心情，而定语从句承担了叙事功能。该例出自美国第 37 任总统尼克松 1969 年发表的演讲"The Great Silent Majority"，当时美国政府面临在越战困境和国内风起云涌的反战浪潮双面夹攻之下，尼克松的演讲旨在号召那些大多数沉默的爱国者站出来支持政府的越战政策，为此其演讲必须指出越战中已取得的成绩，包括美军死亡人数的减少。上例的定语从句叙述了总统为发给死亡士兵亲属的信件签字一事。

可见，为了增加叙事容量，从属句也可以用来叙事，以提高了叙事表达的效率。有一点我们需要承认，尽管从句可以叙事，但其功能主要还是服务于主句的叙事，为其提供说明、解释和背景等。

（三）以一个或多个名词来叙事

根据功能语言学的语法隐喻理论，名词化"是用名词来体现本来要用动词或形容词来体现的过程或特征"（Halliday 1994：352）。可见动词的名词化形式仍然能履行部分动词的功能，演讲者也常借此进行叙事，以求叙事的最简化。

12 ....can we hope not just to follow, but even to surpass the achievements of the 20th century in America and to avoid the awful bloodshed that stained its legacy.

布什在 2001 年就职演讲词两次使用了动词的名词化形式，分别是用动词 achieve 的名词化形式"the achievements"，并用"bloodshed"代替了动词词组"shed blood"。前者概括叙事了美国 20 世纪取得的所有成就，后者包含了所有的流血战事。上例两个名词都是作动词的宾语，有时介词短语或代词所有格所辖名词也能履行叙事功能。如下例所示：

  13. 多年以来，我国无数的志士，无数的先烈……由于他们的前仆后继，百折不挠，他们的遗志今天已经开始实现了。

中国革命先驱之一朱德 1946 年发表《和平民主大会上的演说》，运用名词词组"前仆后继，百折不挠"隐喻性地概括了先烈们为了中国的和平民主而经历的无数艰难险阻和卓绝斗争，叙事可谓言简意赅。同样美国林肯总统在其 1861 年的就职演讲词里仅用一个名词词组"目前的分歧"（our present differences）指称当时南方七个州的叛乱事件："在我们目前的分歧中，难道双方都缺乏足够的自信吗？"（徐翰林 2005：77）

以上例子充分说明，动词名词化形式用得恰当可以完成本来用一个或多个句子才能完成的叙事。鉴于名词的复数形式以及不可数名词的不定指属性具有泛化的功能，借以叙事可以最大限度地节约用词。

（四）典型事件叙事，以点代面

利用典型事件的以点代面功能是情节简化的另一重要策略。典型事件如使用恰当，可同时兼顾演讲的时限性和说服例证的具体性需求。与浓缩事件的包含关系不同，典型事件是一类事件中最具代表性的事件，因而具有较强的说服力，是说服性演讲中十分重要的事实论据，其说服效果不可小觑。如下句选自克林顿 1997 年的第二次总统就职演讲词：

  14. Thirty-four years ago, the man whose life we celebrate today spoke to us down there, at the other end of this Mall, ...Martin Luther King's dream was the American Dream. His quest is our quest: the ceaseless striving to live out our true creed.

马丁·路德·金三十多年前关于消除种族歧视的梦想现已成真，这是任何人都有机会成功的美国梦重要一部分。种族歧视一直是重要的社会问题，此时已基本解决。克林顿旨在通过这一典型事件的讲述，承诺并鼓励民众继续为实现更多的美国梦想而奋斗。此处叙事意在通过典型事件的泛化从而达到以点代面的效果。

在语境合适时，演讲者也会直接讲述一件非常具体的事件，特殊的语境因素使得受众能领会其典型的代表性功能。如 1981 年里根总统在其就职演讲中对一个小兵事迹的叙述：

> 15. Under one such marker lies a young man——Martin Treptow——who left his job in a small town barber shop in 1917 to go to France with the famed Rainbow Division.There, on the western front, he was killed trying to carry a message between battalions under heavy artillery fire.… On the fly leaf under the heading, "My Pledge," he had written these words: "America must win this war."

对里根来说，马丁（Martin Treptow）的最可贵之处并非在于他的为国英勇牺牲，而是作为一个普通美国人对国家的坚定信心，始终相信美国一定会赢得这场战争。在讲述了美国历史上一些伟大的人物后，总统对一个小兵事迹的叙述，其目的绝非限于称颂马丁个人，而是要通过典型个人事例以点代面地称颂历史上普通民众对美国的忠诚、信任和无私奉献，以此激励人们和总统一起坚定美国必胜的信心，以战胜当前所面临的困难。

同样在中国抗战时期，皖南事变给中国共产党率领的新四军以沉重打击，事后陈毅被任命为新四军代军长。为了稳定军心鼓舞士气，陈毅在就职演讲时，讲述了朱德总司令在 1927 年大革命失败后曾率领八百人发展到当时五十万人的典型事件，其叙事目的是要鼓励士兵们不要被眼前的挫折所击倒，"我们"一定会胜利的："在大革命失败的时候，朱德总司令只带了八百多人上井冈山，就发展成为今天五十万大军。这样干下去是一定会胜利的。"

典型事件具有广泛的代表性，因而能扩大演讲的指涉面，提高其说服力。演讲者无须更多叙事，从而为典型事件的细化和具体化争取一定的空间，因此典型事件的叙事结构相对完整。

此外文学叙事理论的研究曾揭示叙事频率具有不同的评价意义。（戴卫·赫尔曼 2002：161；热拉尔·热奈特 2008：107-108）为了特殊情感效果，演讲者也常诉诸于重复叙事，以加强某个具体事件的整体意义或效果。如奥巴马作为美国第一位黑人总统，为了获得广泛的认同，其就职演讲词不断重复美国的开国历史，并多次使用"Our fathers"等词强调其美国身份的合法化。

上面的分析揭示演讲语篇里"作为修辞手段的叙事"构建模式可能与经典叙事模式相去甚远。演讲叙事一般具有事例的典型性、结构缺损、情节简化和背景缺失等特点。究其原因，经济原则、语境共享和演讲的劝服本质等固然是影响演讲叙事结构的重要因素，一方面演讲的时限性和演讲语篇里叙事的附属特征使得演讲者一般不可能提供完整详细的叙事；另一方面演讲叙事的现实关联性使交流者双方拥有充分的共享语境，演讲者没必要再提供过多的细节。在演讲者竭力简化叙事的同时，却又常常不失时机地添加进自己的评价，如例12的"to surpass the achievements"、"the awful bloodshed"、"stained"及例14中的"might not"和例25中的"famed"等都显露了演讲叙事者的情感态度。情感评价成分性质及出现与否主要取决于演讲叙事的修辞目的，因为演讲叙事最终服务于演讲的劝说目的。提供叙事评价旨在使受众形成有利于劝说目的的知识结构。（van Dijk 1980：219）

综上所论，包括演讲叙事在内的修辞性叙事结构模式显然不同于语篇叙事，源于二者处于不同的语篇语境。经典叙事结构理论是建立在篇章文法的基础上，关涉的是语篇叙事文体结构；修辞性叙事是一种修辞手段，是另一较大语篇的一个组成部分，处于互文性语篇语境中，其构成模式由于受到其所处语篇的宏观主旨和结构模式的钳制，可能明显有别于叙事学界公认的经典模式。此外，演讲叙事又因受到演讲目的、劝说语体、修辞情景等因素的制约，在功能和结构模式方面上又明显有别于一般修辞性叙事。

第四节　演讲叙事的取材倾向性特色

演讲叙事的取材主要指事件素材的选取、事件节点的截取和叙事言语措辞的选择。事件素材有两类源头：一是历史事件，包括个人经历、历史典故、国家社团等历史上已发生过的事件;另一类是围绕当前演讲所聚焦的事件,可在演讲中主要起导向作用。由此可见,人类历史上的任何事件都有可能成为演讲的叙事素材。面对如此众多的事件,取何舍何必然成了叙述者面对的首要问题,下文将从取材和语言两个侧面来探讨。

一、米勒的启示

米勒的"反情节"理论虽然存在严重的缺陷(详见本章第三节的相关论述),但其阐述为我们理解演讲叙事的取材提供了重要的启示。演讲叙事"是从大量省却的事件中选取出来的"(Abbott 2007:48),并同时"带有其他故事的痕迹,带有未被讲述的故事"(马克·柯里 2003:93),"不会构成真实的线"性关系(希利斯·米勒 2002:43)。由于自然事件无明确的起点和结点,叙事的始终点都是人为选择之产品,因此叙事事件和节点的选择必然携带有叙事者的主观意识。

演讲者的主观意图是演讲叙事取材的一个重要依据。为了使叙事更好地服务于演讲宗旨,演讲者总是从纷繁复杂的众多事件中,选择他认为最能有效说明演讲主旨的事件,回避与之无关甚或相反相克的事件。其次在演讲中,不完整性是叙事语篇结构的常态,叙事节点的选取也关系到叙事主旨的凸显。事件及其细节均携带着演讲者的判断,是受众揣测演讲叙事目的之依据所在。如前所析,在《要求对日宣战》中罗斯福的叙述是从美国遭到日军的突然袭击开始,而对日美之前的外交摩擦只字未提。罗斯福此举意在凸显美国受到了无端攻击,以此号召受众接受其对日宣战的请求。受众是影响演讲叙事取材的另一重要因素,演讲效果最终取决于受众的改变。演讲的受众一般是相对确定的群体,其需求和心理状态为演讲者所知晓(详见本章第一节),因此,演讲者能够也必须通过事件、节点和言辞的选择以控制受众的反应方向。

二、取材倾向性原则

叙事情节的"选择"取决于其与主旨的相关性。(胡曙中 2005:151)事件素材和语篇焦点是相辅相成互为制约的关系，语篇目的制约着叙事素材的选择，相应的，素材又会反作用于语篇焦点的凸显效果。因此谋篇者的取材总是围绕互文性上位语篇宗旨规划演讲叙事的焦点，意图倾向性十分明显。在遵循目的性原则的同时，选材还要遵循经济性、熟悉性和趋利避害等原则。

（一）目的性原则

取材最重要的决定因素是谋篇目的，演讲叙事的素材必须与说服听众接受观点或采取行动的主旨密切相关，那些与劝服目的无关紧要的事件和细节，无论其本身有多精彩和具有多大的吸引力，都要舍去。同样是就职演讲，每一次所包含的叙事点都不同，原因在于其受到了各自演讲语篇焦点的制约。例如不同时期的美国总统就职演讲中关于美国历史的叙事，其详略相去甚远，现任总统奥巴马的演讲词最为详细，在篇幅为 2 380 单词里，共有六次提到，其中三次多达三个以上的句子，共用 259 个单词，约占 11%；而同样是在临危受命的罗斯福 1933 年的演讲仅以一个短句，"相对于我们先辈用信念和坚韧所克服的苦难……"，布什 2001 年的就职演讲词也用了不短的篇幅（148 个词）。同一件事的叙述，各自侧重点也不同，奥巴马主要侧重于细节动作的描写，突出其创业的艰辛，说明"伟大从来都不是天生的，而是争取得来的"，因而其所取事件细节皆与艰苦创业有关。罗斯福演讲旨在说明当前的困难是可以克服的，其叙事凸显历史上美国人民屡次克服挫折的不屈精神。布什侧重于美国历史成就，突出体现在"History"一词的选择和多次重复，没有用具体的动作者，意在凸显我们需要继续推进美国伟大的历史。

（二）经济原则

在时空限制性要求很高的演讲语篇中，演讲叙事必须严格遵循经济性原则。"只要讲话者认为听话者能够利用以前的知识、情景中的事物以及上下文能够推断出的信息，他就会把他们省略或编码为预设信息。"（张德禄 2003：189）1968 年，美国尼克松总统就职前读了所有前任总统的就职演讲词后，由衷地感叹道："经济是一切，只有短篇才能为人们记住。"（Lepore 2009：49）

这首先表现为叙述事件的少而精，要从所有与演讲目的相关的事件中选择那些最具有代表性的典型事例，并用尽可能简洁的语词讲述尽可能多的事实论据。美国现任总统奥巴马在其就职演讲词中，通过简洁凝练的语词带领受众回顾了美国历史上所有战胜困难的典型事件，要人们相信一切困难都会克服的，美国将再次领导世界。为此，奥巴马采用蕴意丰富的概括性语词，利用符号的能指和所指之间的非对称性质，达到一词多指，一语多关的表达效果。如词组"The Muslim World"就符号性地再现了9·11事件、伊拉克战争和巴以冲突等一系列事件，详见杨家勤（2010：80-81）。

精简叙事细节是实现叙事经济化的另一重要手段。小说和其他叙事主导型作品中可以进行全面的铺展，需要把整个事件和盘托出；而演讲叙事常常只能提供冰山上之一角，摘取相关要点，舍弃无关甚或次要细节。如本章第三节所提到美国罗斯福总统炉边谈话中的那句：We met the issue of 1933 with courage and realism，罗斯福意在用美国人1933年战胜经济危机的精神号召人民支持英法等国的反法西斯战争。但这一事件的叙述极为简洁凝练，没有提供背景，所有情节都浓缩在一个短句里。亚里士多德在论及叙事结构时，曾指出"熟悉的事件只需提供简要的回顾，无须提供细节"（Kennedy 1991：269）。

（三）趋利避害原则

罗宾·R·沃霍尔曾列举了现实主义小说中不可叙述事件的种类，包括不必叙事者、不可叙事者、不应叙述者、不愿叙述者。（2007：244-249）这些不可叙现象在真实的演讲叙事中也同样存在。此外，"趋利避害"也是演讲叙事不可叙现象的另一重要诱因。根据这一原则，演讲者一般不会叙述对主题不利的或受众不愿接受的事件或细节，而只从相关事件中选择有利于说服目的的因素：从整个事件中选取有助于说明自己观点的方面，而弱化甚至回避不利的方面。《我是斯巴达克思》一文揭示历史上"斯巴达克思"总是不断被削足适履以适应不同时代作者的谋篇目的。（凯瑟琳·冈瑟·柯达2007：561-582）本文第三章第二节所提到的弥尔顿革命诗歌体演讲《失乐园》，其中对撒旦这一形象的处理是更为典型的例子。弥尔顿摒弃西方文化中常规撒旦形象的"恶"的方面，选择歌颂其不畏权势、虽身陷地狱但仍不妥协的不屈不挠的反抗精神，希望借以鼓励处于革命低潮期的英国人民继续保持昂扬的斗志。

有时，演讲者无法选择主要叙事内容，但仍然可以通过各种语言手段凸显其焦点。通过放大其有利的方面，弱化不利的方面，从而引导受众情感转向演讲者所期望的方向。

以色列博士塔玛·奇尔波在其 2007 年的博士论文里举例分析了特殊的情感会影响叙事方式。演讲叙事也同样，如对一些特别敏感话题的指涉相当含糊隐晦。林肯在其首次总统就职演讲中含糊地指涉南方叛乱事件。林肯是代表坚决反对奴隶制扩张的共和党获得总统竞选胜利，因此在他宣誓就职前，南方的奴隶主先发制人，在七个州宣布独立。虽然这一事件是新政府迫在眉睫急需面对的问题，但问题的敏感性，使得刚上任的林肯总统在就职演说中并没有直接面对。林肯的演说叙事竭尽全力保持克制，力图避免矛盾深化，其用词十分隐晦，仅用"目前的分歧"来叙事这一叛乱行为和"不满现状的同胞们"来指反叛者，试图感化这些所谓的同胞们，为避免内战维护国家统一而用尽辞机。无独有偶，美国现任总统奥巴马也是在类似的境遇发布其就职演讲词，面对当时美国所遇的最大外交困难，来自中东地区的恐怖袭击，奥巴马也采取了同样的回避和弱化处理方式。"为避免激发某些人或团体的敏感意识，仅用一个高度概括性词组 The Muslim World，同时指向中东一系列冲突事件的所有牵涉者"（杨家勤 2010：81-82）。以免激起新一轮的恐怖报复行为，为美国获取新面貌新形象、重新屹立于世界之巅而用尽心机。

可见，在演讲语篇中"故事本身变得无关紧要，关键是如何通过叙事建立与读者的交流关系，如何借助话语修辞实现某种意图"（谭善明 2009：81）。

（四）熟悉性原则

同为真实叙事，演讲叙事又不同于新闻叙事和历史叙事。后二者是向受众讲述他们并不知晓的事件，旨在为受众提供事件的具体信息，让受众了解相关事件；而演讲语篇中所述之事则多为受众群体所熟知，叙事重在信息外或后的效果上，而非事件信息本身。

经济原则常导致结构性缺损。演讲者为确保他的受众准确把握其意，必须选择人们熟悉的素材，叙事内容应为现实中大多数受众所了解。陌生叙事将影响信息的正确解码，难以确保意欲的演讲效果，而熟悉叙事能确保受众可以通过窥一（斑）而知全豹。选择受众所熟知的叙事，演讲者以最简方式叙事，可为评论或更多其他叙事留有余地。林肯的总统就职演讲发表在美国南北两方矛盾日益激化、双方剑拔弩张、内战一触即发的背景下，他的受众（当时的美国人民）对这一切都了然于胸，因此林肯无须也不便在他的演说中细述南北的矛盾，仅用了"目前的分歧"。由于其自身特殊身份和当时特定的国内外环境，奥巴马2009年的就职演讲所包含的叙事总数远远超过其前任何一个总统就职演讲，然而所有事件都是大多数美国人甚至全球人耳熟能详的。

受到了演讲目的制约，面对各种纷繁复杂的可供选择事件及其不同细节，不同叙事语篇必然依据互文目标而做出不同的选择。同样的事件不同的演讲者为了不同目的，其着力点的抉择也不尽不同。可见叙事素材选择直接关乎演讲主旨的最终实现，不可等闲视之。

三、语言选择的倾向性

如何用恰当的方式把所选取的材料呈现给受众，也使演讲者煞费苦心。演讲者不仅要考虑叙事之后效果是否契合演讲的意识形态，还要顾及叙事小语篇与互文性上位大语篇在体裁形式层面的融合。

首先，为了节约空间，演讲者必然追求浓缩性的表达模式，演讲叙事的语言自然十分简练，具体表现为常用一个小句甚或一个语词表述一件事，以达言简意赅的经济效果。本章第三节已有多次涉及，此处不再赘述。

其次，除了作为情感诉诸的某些演讲叙事本身，语词表达情态也是演讲叙事话语极为重要的一个功能，是一重要的语言倾向性手段。中国修辞学者王希杰认为，鼓动性和综合性是政论语体区别于其他语体的重要特征。"政论语体的目的在于表达自己的立场、观点，感染和打动对方。使之对所讨论的问题迅速作出反应。"（王希杰 2004：438）作为互文性演讲语篇的有机成分，演讲叙事更需"要使人听了或读了你的话就能够明白你的意思，不但能够明白，还要懂得您说这话说的感情、态度"（周振甫 1956：265）。如前第三章第四节的一（一）部分表明，叙事话语总带有主观性，受众也只有理解了叙事话语的言外之意和言后目的，才可能对之做出判断和裁夺，决定是否接受劝说。为了明示自己的情感和意图，使叙事能更有效地服务于劝说之目的，演讲者在组织叙事话语时，必然大量使用有倾向性的表达方式，表明自己的态度，力图操纵受众的情感转向有利于其劝说目的。这些倾向性表达改变了受众心目中事件的性质，"从某种意义上说，叙事的过程就是转义修辞的过程，它消解了作为本义的故事，在话语中为自己创造故事"（谭善明 2009：82）。

1. True, they have tried. But their efforts have been cast in the pattern of an outworn tradition. Faced by the failure of credit, they have proposed only the lending of more money.

上例中，罗斯福叙述了造成经济危机的美国货币兑换商所做的补救措施，其中的态度评价词"outworn"（过时的）和"only the lending of more money"掺入了他本人对补救措施的情感评价，批判性地描绘了美国货币兑换商仅用借更多钱的老方法来应付新的经济问题。说话者的情感评价必然也影响了受众的判断，引导其接受对该群体顽固保守和不负责任的评价。

有时中性词也能表达态度。尽管林肯发表就职演讲时，南方七州三宣布独立，但林肯在演讲中没有用态度明显的"叛乱"一词，而是采用低调陈述这一手段，使用中性词"目前的分歧"来叙述这一事件，其目的性十分明显：希望通过弱化这一事件，缓和南方诸州的紧张情绪，以达到避免战争维护国家统一之目的。

除了一些显性的态度词之外，为避一方之言、空洞说教之嫌和引起听众的反感，高明的演讲者更倾向于用一些更隐蔽的语言手段，通常不会直接呈现自己的意识倾向性，而是通过选择一些携带明显倾向性的语词，如情态模式和人称代词等策略使之显得自然，更易引导甚或误导受众。（丁建新 2007：30-31）

句式和篇章结构等也被叙事者用来凸出焦点表达意图。如上文的例1，演讲者使用了被动语态"their efforts have been cast",凸显了这些钱商们应付危机的措施不力,缺乏主动,而仅是消极被动地应付,从而显示出说话者的强烈不满。美国韦恩州立大学的博士黑克斯(Stormy F. W. Hicks)2005年的博士论文,详细分析了罗斯福1941年发表的《要求对日宣战》首句的叙事焦点策略。同本章第二节的分析一样,黑克斯认为罗斯福首先通过强调结果的被动句使叙事聚焦于日军的突然袭击及给美国所带来的巨大损失和极大耻辱,完全忽略导致日军轰炸的背景因素,其中不乏美军的挑衅。因为被动传递信息往往涉及"压迫"和"扭曲",可产生一种特殊的效果。(Hicks 2005:76)此处被动语态措辞的言外之意是要凸显尽管"我们"(罗斯福和美国人民)希望和平,希望与别人相安无事,但别人不接受"我们"的和平友好原则,对"我们"发动了突然故意的袭击,我们是受害者,必须奋起反抗以自卫。这一目的决定了演讲者的信息焦点布局和句式的抉择,可见句式的选择与语篇目的紧密相关。

"情态标记语反映作者对语篇中的概念意义资源的真实性是否有信心。"(胡曙中2005:203)因此,纪实叙事者为了表明其所叙述的是客观事实,尽可能少用情态化表达方式,多用中性陈述以表明叙述的客观性。但演讲叙事者一般不会严格遵守这一原则的约束,如例1中"True, they have tried",罗斯福用形容词"True"隐喻性地表达了自己的情态,实质是对其努力程度和效果的一种质疑。

最后,人称问题是所有与语言有关研究的一个基本问题,在演讲叙事中也不例外。为了突出其所叙述事件的普适性,增强同一性,演讲者在人称代词方面,多用第三人称代词。表6是美国历史上不同时期五位总统就职演讲词里叙事部分人称代词的使用情况。

表6 演讲叙事人称调查表

演讲者	林肯	罗斯福	肯尼迪	布什	奥巴马
时间(年)	1861	1933	1961	2005	2009
叙事总频数	2	6	4	4	≈10
第一人称复数频数				1	
第一人称单数频数			1	1	

| 第三人称频数 | 2 | 6 | 3 | 2 | ≈ 13 |

五次演讲的十次叙事中共用十六次人称，第三人称用了十三次，约占 81%。第一人称单数仅两次，约占 7.6%，分别出现在肯尼迪 1961 年的就职演讲和布什 2005 年的就职演讲词中：

2．For I have sworn before you and Almighty God the same solemn oath our forebears prescribed nearly a century and three-quarters ago.

3．From all of you, I have asked patience in the hard task of securing America, which you have granted in good measure.

细究一下，不难发现例 2 是演讲者对此前的就职礼仪行为的叙述，与后文的演讲内容关系不大，从语义和结构上看可有可无。此外，上两例（2、3）中，在距离第一人称单数不远的前后都有一个指称受众的第二人称"you"。演讲者意在通过一二人称的互动，实现与受众的直接交流，表达了对受众的尊重和欣赏，在情感上能拉近与受话者的距离，容易获得受众的认同。有时即使是个人事件的叙述，演讲者也有可能通过第三人称使之泛化，扩大其所指范围，指涉一个群体。如本章第三节所举现任总统奥巴马就职演讲词中的一句（例 3），隐含了五六十年前黑人在餐馆里得不到招待的事件，其中"a man"指的是奥巴马自己，但他没有用第一人称来指称，而是用不定代词来使之泛化，影射所有黑人，甚至所有有色人种的遭遇。

第五节　演讲叙事与修辞性叙事

演讲叙事是修辞性叙事的一种，在以论辩劝说为主的演讲语篇中，摘要复述过去发生的事件以辅助实现特定演讲劝说目的。同一般修辞性叙事一样，演讲叙事作为互文语境中的一种附属性语篇，首先，其语篇组建受到语篇性原理规则的影响和钳制，语篇结构也呈现出简洁甚至不完整的现象；其次，演讲叙事所追求的也是某种叙后之效果，而非事件信息本身；再次，演讲叙事功能的发挥也依赖于叙事后效果。演讲者正是依据叙事的实用目的对已发生过的真实事件进行适当的重构，以优化其叙事后效果。

然而由于受到演讲话语特殊修辞情景因素的制约，演讲叙事话语角色关系及其组织模式等，必然不同于一般论辩和说明等语篇中的修辞性叙事。

首先演讲是在有限的时空内所发表的公开讲话，并以促使特定群体受众发生某种预期的改变为目的，因此为了有效说服，演讲者必须"尽可能在极有限的文本里融入最大量的信息"（杨家勤 2010：81）。折射在叙事方面，不同于一般的修辞性叙事的单叙事模式，演讲叙事常运用语言符号是多种拓展和组合模式，把多个叙事浓缩在少数甚至单个符号里，追求"'以点代面'和'一石多鸟'的表达效果"（同上）。

其次，演讲明确的劝说目的和对情感的诉诸，要求演讲者在叙事重构时，凸显而不是掩盖其个人情感倾向，使用叙事情态倾向明显的高值情态表达模式。一般认为，演讲叙事中非客观性叙事该遭谴责，迈克·斯托尔（Michael Sproule 1997：181）认为"歪曲事实性证据"是演讲初涉者更易犯的错误。然而叙事学研究成果证明任何叙事都不是客观的，都是某种歪曲。（罗兰·巴尔特 1967；海登·怀特 1973；热拉尔·热奈特 1991，2008；凯瑟琳 2002；波特·阿波特 2007）语言学的研究也证明，语言并非客观反映现实的镜子，而是现实的缔造者。有时演讲者为追求特定的情感，大量使用有标记的叙事模式，如奥巴马的就职演讲不断重复美国的开国史。此外，不同于一般叙事仅顾及其紧邻的上位语篇单位，演讲叙事的情感可能越级以服务于整个语篇主旨。

第三，本章第二节部分提到了语篇导向性叙事，其叙事更像语篇叙事。像《9·11讲话》《要求对日宣战》等演讲，其中所有事件都具有先后或因果关系，构成一个叙事体系的查特曼式支点或枢纽。（Toolan 1988：22）然而不同于语篇叙事，这类叙事没有明显的衔接，而是散落在描述、抒情和论辩之间，服务于演讲劝说目的。即便是语篇导向型叙事，其作用也还是附属性的，仅起导航线的作用，并仅限于一些就事说事的演讲。此类演讲主要是应突发事件而作的即景性演说，所述事情单一，其身份还是正文中的叙事，而非语篇叙事。

第四,在功能方面。一般修辞性叙事的功能仅限于佐证,并尽力压制叙述者的情感态度等主观性因素。如本章第二节所示,演讲叙事除了佐证外,还可能具有营造特殊情感氛围和引导语篇发展方向等功能。最后,但并非不重要的是二者的叙事受众不同。一般非实用性论说文中修辞性叙事的受众是不确定的,可能是同时代人,也可能是数百年后的人。如培根的作品,三百年后的我们还在阅读和解析。叙事者无从确定不同时代受众的嗜好、脾性及相关的认知模式等[1],因而不必也无法预测具体群体受众的认知和情感模式,并尽可能排除自我个人性叙事。而演讲叙事的受众是特定情境中的具体群体,演讲宗旨是为说服具体的目标受众接受其劝说,尽管我们几十年甚至百年后仍然在阅读欣赏,但已经远离演讲者初始目标。为强化说服效果,演讲者可以通过调查等手段而获取所需相关信息,据以整理自己的叙事模式,运用各种叙事策略来控制受众的判断,微妙地加以诱(误)导,最大化其意欲叙事效果。正是在这个层次上,我们认为演讲叙事的受众真正介入了叙事的构建过程,而不是传统意义上的对既成作品的不同解读。

小 结

本章从修辞情景、体裁互文性和叙事模式等理论视角切入,以政治演讲语篇为例,研究了演讲语篇中修辞性叙事的多重功能、结构模式和体裁倾向性等特征。处于不同的语篇语境和情景语境中的演讲叙事具有不同的修辞功能,如语篇导向功能、佐证功能和情感诉诸功能等。受到演讲语篇论辩语体的体裁钳制,演讲叙事的结构组织也脱离了常规叙事模式,普遍出现结构缺损和情节简化等现象。此外演讲叙事的取材在严格依据于演讲主旨的同时,兼顾经济性、趋利避害和熟悉性等原则。

---

[1] 虽然,我们现在也在读几百年前的演讲的作品,但已经不是获取其原来行为的主旨:劝说。而一般论说文等的阐述某一观点的主旨已经形成,一般不会改变。

第五章 总　　结

本研究主题从叙事修辞理论，拓展到非文学性语篇中的修辞性叙事，再推进到演讲语篇中的叙事。随着研究视域的逐步缩小，研究深度也随之步步推进。本章首先对前四章的主要内容做一简短的回顾，然后对该研究的不足之处和局限性做一总结和思考。

一、本研究主要内容回顾

本研究主题是语篇互文语境中演讲修辞性叙事。围绕这一主题，在传统叙事修辞理论的基础上，本作品研究内容主要包括以下五章：

第一章就研究主题和研究背景、既有相关研究、研究目的和方法、研究理论框架和创新点等几个方面的基本情况做初步介绍和阐述。演讲叙事是演讲者用来辅助论证劝说的手段，是作为修辞手段的叙事，一直在以文学叙事为主导的叙事修辞理论界未引起足够的关注。在这一基本背景下，本研究在梳理已有研究的得失之后，把研究的重点置于探索修辞性叙事的理论框架及演讲修辞性叙事的组织模式、修辞功能和语言修辞特色等，为弥补叙事学界忽略这个领域所留下的遗憾而努力。

第二章共分四节，第一节将叙事修辞理论分为三个阶段，并就伴随三个阶段的相互对立观点进行论辩，提出了任何叙事都携有修辞目的，修辞属性是常规叙事的一个重要维度，但不是叙事的全部。除此以外，本作品笔者认为还存在有一种以修辞目的为主旨的修辞性叙事，运用在非叙事主导型语篇中。本章第二、三两节整理了国内外主要叙事修辞理论代表者的观点，总结了其主要贡献，为热拉尔·热奈特和西蒙·查特曼的叙事修辞理论做辩护。叙事学界历来把热拉尔·热奈特归为后经典叙事学派，而忽视了其后期广阔的叙事修辞观。热拉尔·热奈特、詹姆斯·费伦和麦克·卡恩斯尤其西蒙·查特曼等的叙事修辞理论已经孕育着修辞性叙事理论的萌芽因素。无论是文学叙事还是纪实叙事，无论是作为修辞的语篇叙事还是作为修辞手段的修辞性叙事，皆牵涉叙事的修辞属性，均可归入叙事修辞这一上位概念中。基于这一观察本章第四节重新整合叙事修辞理论体系，把历来为主流叙事学理论所忽视的修辞性叙事也纳入其范畴。

第三、四两章是本作品的核心和主要创新点所在。第三章围绕着本研究核心概念"修辞性叙事"，主要就以下几个方面展开探讨。

（一）修辞性叙事概念

修辞性叙事是一种修辞手段，在非叙事性文本里承担论证、说服等功能，辅助实现其所处上位语篇的总主旨。从功能视角来说，修辞性叙事是一种次语篇，发生在非叙事主导型语篇中，必须履行该语篇所赋予的特殊任务，其语篇建构功能、修辞功能和功能发挥途径等均不同于一般的语篇叙事。在形成机制方面，首先，由于受到其所寄生语篇的篇内语境的制约，其语篇模式通常偏离常规叙事模式，以实现其与上位语篇形式层面的融合；其次，修辞性叙事应是对真实发生过并且与语篇主旨一致的事件重述，只有真实发生的事件受众才能接受其说服，同时只有与说服目的一致的事件才能被利用。

（二）修辞性叙事的哲学理论基础：实用主义和建构主义

任何叙事都不是对事实的自然实录，而是叙事者依据实用的原则对有利于主题的事件或细节所做的有意识选择。不同于文学叙事中趣味性第一的原则，修辞性叙事者依据"效果即意义"的实用主义哲学理论选择叙事事件、摘取细节，甚至不惜为此断章取义。建构主义哲学关于世界的非先验性、主观性论点、互动性认识论等理论对我们合理组织所选取的事件具有重要的指导意义。为优化其叙事效果，叙事者在组织叙述事件和编辑叙事话语时，必把适合语篇主旨、交际情景、受话者的认知状态等多方面因素纳入其构思中。

（三）修辞性叙事的语言学理论基础：语篇性、互文性和言语行为等理论

语篇性和体裁互文性等理论有助于解释修辞性叙事独特的语篇形式特征；言语行为理论可用以揭示修辞性叙事的运行机制。一个语篇的两种不同体裁在追求

意识形态上融合的同时，其形式方面的融合也不容忽视。修辞性叙事作为非叙事语篇的附属成分，其机制的运行（功能的发挥）主要是通过其叙事（言）之后效果。在建构叙事语篇时，叙事者竭力追求与语篇主旨一致的意欲效果，弱化甚至省略与其无关的叙事成分，结果是常出现不完整的叙事模式。

（四）修辞性叙事与其他叙事

虽然身处不同语篇类型和层次中，修辞性叙事与语篇叙事的各个层次有着相似的特征。如在语篇形式上，修辞性叙事和叙事语篇所辖的各层次叙事都是附属性语篇，在语篇中处于次要的地位。但不同之处也非常显然，修辞性叙事的结构可能不完整，而语篇叙事中各层次叙事结构都相对完整；在事件信息性质上，叙事语篇内各层次叙事均是首次叙事，而修辞性叙事可能是重复叙事，因此前者是以信息为重点，而后者信息的首要地位让位于叙事之后效果；在功能上，修辞性叙事发挥着论证说服等功用，卫星叙事和嵌入叙事的功能除了少量的例证以外，主要丰富叙事情节，装扮主叙事架构。

第三章第四节还就叙事学界一直存在争议"虚""实"问题进行探讨。事实上叙事话语是引起这场持久争议的根源，无论虚构叙事和纪实叙事，其讲述话语都携有叙事者的主观因素，有些人如海登·怀特等正是据此得出了叙事虚实之分毫无意义的结论。然而海登·怀特等忽略了重要一点，叙事话语掩盖下叙事事件有真伪之分，具有真假可鉴定的属性。

第四章围绕着演讲语篇中的修辞性叙事讨论了以下几个主题：

1. 演讲语篇中的叙事

演讲是典型的互文性语篇，为了有效劝说，演讲者可能借助于说明、描写、叙事和论辩等多种语体的语篇片段。叙事由于其特殊的说服功效而备受演讲者青睐，"是一种广泛应用于演讲和书写语篇中的体裁"。在罗马修辞学家所列出说服话语的七个步骤中，叙事居于第二。另一方面，演讲作为一种情景性修辞话语，是任何重要历史或政治时刻所必不可少的，因此历史上许多重要时刻造就了一批伟大的演讲词和演讲者。

2. 演讲叙事的功能

受到演讲特殊的话语体裁和修辞情景性特征的影响，演讲语篇中的修辞性叙事除了具有一般修辞性叙事的论证说明等功能，还具有语篇导向和情感诉诸等功能。演讲者通过选择不同叙事素材、句法、语体和叙事模式等，凸显话语主题、设定后文话语基调并框定后文可能的发展模式和行文结构。此类叙事模式在全文的发展中起着重要的导向作用，具有引导语篇发展方向的作用。不同的叙事者采用不同的句法和语篇模式而产生了不同信息焦点，必然昭示了下文不同的语篇组织结构，对其后文的大多数选择定下基调。

演讲叙事的情感诉诸不仅可以通过话语层面的措辞，如情感态度词和叙事方式，还可以通过特定叙事事件整体产生某种叙事之后效果。

3. 演讲叙事的结构模式

目前从语言学视角所研得的叙事结构模式主要以语篇叙事为研究素材，因而无法揭示演讲语篇中作为修辞手段的修辞性叙事模式特色。本节主要采用归纳法和细读分析法，以威廉·拉波夫叙事模式为参照，通过对一定数量的实例分析，总结出了演讲叙事结构模式两个区别性特征：①演讲叙事的结构性缺损现象，如重评价、淡化背景和叙事过程等。由于演讲特殊的修辞情景，交际双方共享语境较大，不必要交代交际双方都了然于胸的背景等因素；附属性地位要求演讲叙事必须简洁，以免喧宾夺主，另一方面服务于演讲目的修辞功能又需要叙事者明确其立场。这些因素共同造就了演讲修辞叙事的"重评价，轻过程"的结构特点。②情节的简化。演讲者可以通过具有概括提炼功能的上位词/句同时讲述多件事，或以典型事件叙事达到以点代面的效果。另外为增加叙事容量，采用主从句同时叙事，甚或用一个或多个名词来叙事。

4. 演讲叙事的取材倾向性特色

叙事的主观性也体现在事件素材和语言措辞的选取上。在选择事件素材方面，叙事目的具有决定性意义，事件素材及其细节不能因其本身有趣而有效；演讲叙事的素材必须与说服听众接受观点或采取行动的主旨一致。经济性、熟悉性和趋利避害等原则也制约着叙事的取材倾向。叙事素材必须为受众所熟悉并有利于演讲说服目的。演讲叙事的最终目的是要让受众领会其意图并采取相应的行动。为此，演讲者从来不会掩饰其情感态度和意欲效果，反而有意借助倾向性表达模式如情感态度词、各种情态和意态表达法、句式等加以凸显。人称代词在表达情态方面更具特别功能，可以调节交流者双方的距离，因而更受演讲者欢迎。演讲叙事也是修辞性叙事，但因其特殊修辞情景因素的制约，演讲叙事的组织模式、修辞功能和情感隐显方式和程度等，又显然不同于一般性论辩和说明等语篇中的修辞性叙事。

第五章，主要是总结，并指出本研究的不足之处。

二、本研究研究的局限性

本研究是应当前演讲叙事实践的兴盛与相关理论研究相脱节而发起的，借助于语篇语言学、言语行为理论、实用主义哲学和建构主义哲学等理论，尝试建构非叙事主导型语篇中的修辞性叙事，并用以阐释作为修辞手段的演讲叙事现象，是演讲学、修辞学和叙事学三者交叉性研究的第一次尝试。由于这一研究所牵涉的三个学科领域都未曾深入研究该话题，本研究的尝试性味道极浓，必然存在大量有待进一步思考的问题。首先，由于缺乏系统相关理论作指导和参照，加上笔者的理论和实践经验的不足，我们的探究尚处摸索阶段，相关理论建构还不够成熟，还有待实践的检验，需要大量后续性理论及实证性研究作为补充。其次，关于国内外叙事修辞学者的理论总结和评价，由于条件有限，我们的参考文献仅限于目前国内能查找到的资料，无法穷尽学者们的所有著作，因此我们的评价可能不全面，并有失公正。最后，限于篇幅和本人学识水平有限，我们仅就演讲语篇中的修辞性叙事，而没涉及其他语篇，如新闻广告等。作为参照比较素材，本研究主要仅就文学叙事比较，而对新闻叙事类纪实叙事的关涉较少。

三、展　　望

演讲是当今极为流行和最实用的语篇行文，一个国家法律法规修改与颁布、国家决策的裁夺、人们的民主生活等都离不开演讲和演讲叙事。修辞性叙事作为政治演讲的一种说服手段，辅助说服受众接受其提议或行动。因此本话题具有极其重要的实用和研究价值。这一研究的视角还可以拓展到其他话语实践中，如说明语篇、非演讲性的论辩语篇。另外，新闻、广告和旅游指南等实用性语篇中修辞性叙事也值得深入研究。

　　本作品研究仅是一个不成熟的尝试，相关理论有待实践的检验、修改和再建。展望其未来，鉴于修辞性叙事主要运用在非叙事性论辩、说明和演讲等语篇中，皆与人们的日常和社会生活密切相关。我们有理由相信修辞性叙事所具有的实践和理论价值必将吸引众多的研究者。

参考文献

Adams, H.（ed.）Critical Theory Since Plato[M].New York: Harcourt Brace Jovanovich, 1971.

Andrews, R.Narrative, argument and rhetoric[A].Rebirth of Rhetoric[M]. Ed.Andrews, R London and New York: Routledge,1992: 116-128.

Abbott, H P.The Cambridge Introduction to Narrative[M].Beijing: Peking University press, 2007.

Anastasiou, E.Review[J].Rocky Mountain Review Of Language and Literature, 2000,1（54）: 155-157.

Austin, J L.How to Do Things With Words[M].Massachusetts: Harvard University Press,1975.

Barthes, R.S/Z [M].trans.Richard Miller.London: Seuil, 1975.

——Introduction to the Structural Analysis of Narratives[A].Image-Musi-Text[M]. London: Collins, 1977: 79-124.

——The Discourse of History [J].trans.Stephen Bann.Comparative Criticis, 1981, 3 :7-20.

Bitzer, L.The Rhetorical Situation.Philosophy and Rhetoric [J].1968,1 :1-14.

Booth, C W.The Rhetoric of Fiction[M].Chicago: University of Chicago Press, 1961.

——Modern Dogma and the rhetoric of Assent[M].California: University of California Press, 1974.

——The Company We Keep[M].California: University of California Press, 1988.

参考文献

Burke, K.A Rhetoric of Motives[M].Berkley: University of California Press, 1969.

Bush, W George, Franklin D Roosevelt, et al.Inaugural Address USA 1789-2001. www.netyi.net.

Campbell, G.The Philosophy of Rhetoric[M].London and Amsterdam: Southern Illinois University Press,1969.

Carrard, P.Paratexts:Thresholds of Interpretation[J].Style, 1998, 1（2）:365.

Chatman, S.Story and Discourse[M].Ithaca and London: Cornell University Press, 1978.

——NarrativeDiscourse: Book Review[J].Journal of Aesthetics & Art Criticism, 1980,1（39）: 221-224.

——Coming to Terms: The Rhetoric of Narrative in Fiction and Film[M].Ithaca and London: Cornell University Press, 1990.

Crismore, A &William J Vande Kopple.Rhetorical Context and Hedges[J]. Rhetorcal Society Quarterly, 1990,Winter（1）: 49-59.

Cockcroft, R & Susan M C.Persuading People[M].Hampshire: The Macmillan Press LTD,1992.

Cobley, P（ed）.The Routledge Companion to Semiotics and Linguistics[M]. Talor & Francis Group: London and New York, 2010.

Dochert, T.Book Review[J].MLR 2007（JANUARY）: 223.

Eskin, M.Narratology Made User-friendly: Rhetoric, Ethics, Storytelling[J]. Poetics Today, 2007（Winter）: 795-805.

Fairclough, N.Discourse and Social Change[M].Cambridge: Polity Press, 1992.

——Critical Discourse Analysis: The Critical Study of Language[M] London/ New York: Longman, 1995.

Firth, J R.Papers in Lingguistics 1934-1951[M].London: Oxford University Press,1957.

Fonte, A C.Public Stories in Public Dialogue[M].Arizona: The University of Arizona, 1996.

Fowler, R.Linguistic Criticism[M].Oxford, New York: OUP,1986.

Genette, G.Figures of Literary Discourse[M].trans.Alan Sheridan.New York: Columbia University Press, 1982.

——The Pragmatic Status of Narrative Fiction[M].Style, 1990,1（24）: 59-72.

Golden, L & James, et al.The Rhetoric of Western Thought[M].Iowa: Kendal/Hunt Publishing Company,1983.

Halliday, M A K.An Introduction toFunctional Grammar[M].London: Eward Arnold, 1994.

Hasan, R.Ways of Saying: Ways of Meaning[M].London: Cassell, 1996.

Herman, D.Script, Sequence, and Stories: Elements of a Postclassical Narratology[J].Modern Language Association, 1997, 5: 1046-1059.

——Narratologies：New Perspectives on Narrative Analysis[M].Columbus: Ohio State University Press, 1999.

Hesse, D.Aristotle's Poetics and Rhetoris: Narrative as Rhetoric's Fourth Mode[A].Rebirth of Rhetoric[C].Ed.Richard Andrews.London: Routledge, 1992.

Hicks, S F W.Presidential Rhetorical Crisis Leadership: The Speeches of Presidents Franklin D.Roosevelt and George W.Bush on the Events of 12-7-41 and 09-11-01[D].Diss Wayne State University, 2005.

Johnstone, B.Discourse Analysis and Narrative[A].The Handbook of Discourse Analysis[C].Ed.Debrorah Schriffrin, et al.Oxford: Blackwell Publisher Ltd, 2001: 637-638.

Kearns, M.Rhetorical Narratology[M].Lincoln and London: University of Nebraska Press, 1999.

——Relevance, Rhetoric, Narrative[J].Rhetoric Society Quarterly, 2001,31（3）: 73-92.

——Ethos, Morality and Narrative Structure: Theory and Response[J].Rocky Moutain Review of Language and Literature, 2002, l（56）: 61-78.

Kennedy, A G.Aristotle On Rhetoric[M].Oxford: Oxford University Press, 1991.

Kodat, G.Catherine.I'm Spartacus[A].A Companin to Narrative Theory[C].Ed.Phalen,J & Rabinowitz ,P J.Machusset and Oxford: Blackwell Publiishing Ltd, 2005.

Labov, W.Language in the Inner City[M].Philidelphia: Universtiy of Pennsylvania Press, 1972.

Lepore, J.The Speech:Annals of the Presidency[J].The New Yorker,2009,84（44）: 49.

Lucas, S.The Art of Public Speaking[M].Beijing: Foreign Language Teaching and Research Press, 2007.

Martin, JR.English Text[M].Peking: Peking University press, 2004.

Martin, W.Recent Theories of Narrative[M].Beijing: Peking University press, 2006.

McCarthy, M & R Carter.Language as Discourse: Perspectives for Language Teaching[M].Peking: Peking University press, 2004.

Miller, J.Hillis.Fiction and Repetition: Seven English Novels[M].Harvard:Harvard University Press, 1982.

Moran, G M & Michelle Ballif.Twenttieth-Century Rhetorics and Rhetorician[M].Westport: Greenwood Press, 2000.

Mosher, Jr & Harold F.Book Review[J].Style,1992,l（3）: 515-521.

Mosher, H F.Book Review[J].Style, 1999,33（2）: 336.

Obama, B H.The Inaugural Speech 凤凰资讯网 2009 年 1 月 21 日，htp: //news.ifeng.com/world/special/obama/news/200901/0121_5433_978580.

Phelan, J.Worlds from Words[M].Chicago and London: The University Chicago Press,1981.

——Reading People, Reading Plots[M].Chicago and London: The University

Chicago Press, 1989.

——Narrative as Rhetoric[M].Columbus: Ohio State University Press, 1996.

——Living to Tell about It[M].Ithaca: Cornell University Press, 2005.

——Experiencing Fiction[M].Columbus: The Ohio State University, 2007.

——Rhetoric Faith[J].American Book Reviews, 2007（Jaunuary-February）: 17-19.

Phelan, J & P JRabinowitz, ed.A Companion to Narrative Theory[C].Oxford: Blackwell Publishing Ltd, 2005.

Pier, J.Gerard Genette's Evolving Narrative Poetics[J].Narrative, 2010,1（1）: 8-18.

Prince, G.Review Essay[J].Comparative literature, 1992,1（4）: 409-413.

——A Dictionary of Narratology[M].Lincoln & London: University of Nebraska Press, 2003.

——On a Postcolonial Narratology[A]. A Companion to Narrative Theory[C]. ed.James Phelan & Peter J.Rabinowitz, 2005: 372-381.

——Gerard Genette and the Pleasures of Poetics[J.Narrative, 2010,18（1）: 3-7.

Rabinowitz, P J.Before Reading[M].Columbus: Ohio State University Press, 1998.

Renkema, Jan.Introduction to Discourse Studies[M].Amsterdam: JohnBenjamins Publishing Company, 2004.

Richard, I A.The Philosophy of Rhetoric[M].Oxford: Oxford University Press, 1976.

Ricoeur, P.Time and Narrative[M].Chicago: University of Chicago Press,1984.

Riffaterre, M.Syllepsis[M].Critical Enquiry, 1980（4）: 625-638.

Rimmon-Kenan, S.Narrative Fiction: Comtemporary Poetics[M].New York: Methuen Co., 1983.

Scholes, R, James Phela & Robert Kellogg.The Nature of Narrative[M].London: Oxford University Press, 2006.

Semino, Elena.Narrative Theory and the Cognitive Sciences."Language, 2006（No.4 Dec.）: 918-920.

Shen, D.Booth's The Rhetoric of Fiction and China's Critical Context[J].Narrative, 2007,15（2）: 167-186.

Sontag, S（ed.）A Barthes Reader[M].New York: Hill and Wang, 1982.

Sproule, J M.Speech-Making[M].Madison WI Dubuque: Brown & Benchmark Publisher, 1997.

Stubs, M.Discourse Analysis[M].Oxford: Basil Blackwell,1983.

Tarver, H.Words of War: The Persian Gulf Crisis and American Public Discourse[M].Berkeley: University of California, 1997.

Toolan, JM.Narrative: A Critical Linguistic Introduction[M].London: Routledge, 1988.

Todorov, T.Grammaire du Décaméron[M].La Haye: Mouton, 1969.

van Dijk, T A.Text and Context[M].Beccles and London:William Clowes（Beccles）Limited,1980.

Vatz, R.The Myth of the Rhetorical Situation[J].Philosophy and Rhetoric, 1973（3）: 154-160.

Walsh, R.The Pragmatics of Narrative Fictionality[A].A Companion to Narrative Theory[C].Ed.Phelan, James & Peter J.Rabinowitz, 2005: 150-164.

Wood, J.Speaking Effectively[M].New York: Random House, 1988.

Verderber, R F.The Challenge of Effective Speaking[M].Wadsworth:Thomson Learning, c.2000.

阿瑟·林克，威廉·卡顿．一九〇〇年以来的美国史 [M].刘绪贻等译．北京：中国社会科学出版社，1983.

艾耶尔，A.J. 二十世纪哲学 [M]. 李步楼等译．上海：上海译文出版社，2005.

彼得·布鲁克斯．法内叙事与法叙事 [A]. 当代叙事理论指南 [C]. 北京：北京大学出版社，2006.

陈家映．语言哲学 [M]. 北京：北京大学出版社，2003.

陈建军．演讲理论与欣赏 [M]. 武汉：武汉大学出版社，2005.

陈骙著. 文则注译 [M]. 刘彦成注译. 北京：书目文献出版社，1988.

陈栎宇（编）. 最轰动的名人演讲 [C]. 呼伦贝尔市：内蒙古文化出版社，2009.

陈中梅. 柏拉图诗学和艺术思想研究 [M]. 北京：商务印书馆，1999.

从莱庭、徐鲁亚（编著）. 西方修学 [M]. 上海：上海外语教育出版社，2007.

大卫·宁等著. 当代西方修辞学：批评模式与方法 [C]. 常昌富等译. 北京：中国社会科学出版社，1998.

戴卫·赫尔曼主编. 新叙事学 [C]. 马海良译. 北京：北京大学出版社，2002.

丁建新. 叙事的批评话语分析：社会符号学模式 [M]. 重庆：重庆大学出版社，2007.

邓颖玲. 叙事学研究：理论、阐释、跨媒介 [M]. 北京：北京大学出版社，2013.

董小英 叙述学 [M]. 北京：社会科学文献出版社，2011，5.

费尔迪南·德·索绪尔. 普通语言学教程 [M]. 刘丽译. 北京：中国社会科学出版社，2009.

傅修延. 文本学 [M]. 北京：北京大学出版社，2004.

何兆熊等著. 新编语用学概要 [M]. 上海：上海外语教育出版社，2000.

何兆熊主编. 语用学文献选读 [C]. 上海：上海外语教育出版社，2003.

胡蓬. 排比在演讲中的修辞作用 [J]. 焦作大学学报，2002（3）：19-20.

胡曙中. 英汉修辞比较研究 [M]. 上海：上海外语教育出版社，1993.

—— 现代英语修辞学 [M]. 上海：上海外语教育出版社，2004.

—— 英语语篇语言学研究 [M]. 上海：上海外语教育出版社，2005.

—— 美国新修辞学研究 [M]. 上海：上海外语教育出版社，2006.

—— 英汉修辞跨文化研究 [M]. 青岛：青岛出版社，2008.

—— 西方新修辞学概论 [M]. 湘潭：湘潭大学出版社，2009.

—— 西方修辞学：当今语言研究之理论渊源 [J]. 外语电化教学，2008（4）：47-53.

华尔特·费希尔. 叙事范式分析法 [A]. 当代西方修辞学：批评模式与方法 [C]. 大卫·宁等著；常昌富等译. 北京：中国社会科学出版社，1998：48-77.

华莱士·马丁. 当代叙事学 [M]. 伍晓明译. 北京：北京大学出版社，1990.

黄国文.语篇分析的理论与实践—广告语篇的演讲[M].上海：上海外语教育出版社，2001.

江涛，孟飞编.英语大赢家[C].北京：机械工业出版社，2008.

卡尔-奥托·阿佩尔.哲学的改造[M].孙周兴、陆兴华译.上海：上海译文出版社，2004.

凯瑟琳·冈瑟·柯达.我是斯巴达克斯[A].当代叙事理论指南[C].詹姞斯·费伦、拉宾诺维茨主编，申丹等译.北京：北京大学出版社，2007：561-582.

劳埃德·比尔茨[1].修辞情景[A].当代西方修辞学：演讲与话语批评[C].常昌富、顾宝桐等译.北京：中国社会科学出版社，1998：119-134.

里蒙·凯南.叙事虚构作品：当代诗学.姚锦清译[M].北京：三联书店，1989.

李德龙.演讲叙事语言形象性的音声展现[J].高等函授学报（哲学社会科学版），2005（4）：21-13.

李蕾.从修辞结构理论视角比较中英政治演说中修辞关系的异同[D].中国优秀博硕士学位论文全文数据库（硕士），2010（6）.

李晓康.态度意义构建世界—布什总统反恐演说的态度意义研究[D].上海：上海外国语大学，2009.

李元授，邹昆山.演讲学[M].武汉：华中科技大学出版社，2003.

李志雄.亚里士多德古典叙事理论研究[D].杭州：浙江大学，2007.

鲁道夫·维尔德伯，凯瑟琳·维尔德伯.演讲的艺术[M].北京：清华大学出版社，2007.

罗宾·R.沃霍尔.新叙事：现实主义小说和当代电影怎样表达不可叙述之事[A].当代叙事理论指南[C].詹姆斯·费伦、拉宾诺维茨主编，申丹等译.北京：北京大学出版社，2007：244-249.

罗兰·巴特.叙事作品结构分析导论.叙述学研究[C].张寅德译编.北京：中国社会科学出版社，1989.

劳埃德·比尔茨.修辞情景[A].当代西方修辞学：演讲与话语批评[C].（美）博克等著.北京：中国社会科学出版社，1998：119-134.

---

[1] 顾宝桐原译为比彻尔，为了和本作品其他地方译名一致，故改为比尔茨。

李德龙.演讲叙事语言形象性的音声展现 [J].高等函授学报（哲学社会科学版），2005（4）：21-23.

刘德强主编.演讲学 [M].上海：上海科学普及出版社，1993.

刘虎.论老舍演讲活动和演讲词创作 [D].中国优秀博硕士学位论文全文数据库（硕士），2010（4）.

刘亚猛.追求象征的力量：关于西方修辞思想的思考 [M].北京： 三联书店，2004.

——西方修辞学史 [M].北京：外语教学与研究出版社，2008.

卢波米尔·道勒齐尔.虚构叙事与历史叙事：迎接后现代主义的挑战 [A].新叙事学 [C].戴卫·赫尔曼编.北京：北京大学出版社，2002：177-202.

马克·柯里.后现代叙事理论 [M].宁一中译.北京：北京大学出版社，2003.

迈克尔·雷夫.语言构成的世界：文本批评的思考 [A].当代西方修辞学：演讲与话语批评 [C].常昌富、顾宝桐等译.北京：中国社会科学出版社，1998：284-295.

孟刚.强迫症改变人生 [M].济南：山东文艺出版社，2005.

米克·巴尔.叙述学 [M].谭君强译.北京：中国社会科学出版社，1995.

米哈伊尔·巴赫金.巴赫金全集（四）[M].白春仁等译.石家庄：河北教育出版社，1998.

希利斯·米勒.解读叙事 [M].申丹译.北京：北京大学出版社，2002.

——小说与重复 [M].王宏图译.天津： 天津人民出版社，2008.

莫妮卡·弗卢德尼克.叙事理论的历史 [A].当代叙事理论指南 [C].詹姆斯·费伦、拉宾诺维茨主编，申丹等译.北京：北京大学出版社，2007：22-47.

莫里斯内坦森 修辞的范围 [A].当代西方修辞学：演讲与话语批评 [C] 常昌富，顾宝桐等译.北京：中国社会科学出版社，1998：200-210.

佩尔·克罗格·汉森著，尚必武译.不可靠叙述者之再审视 [J].江西社会科学，2008（7）：31-39.

秦海花. 作为公共演讲的虚构叙事 [C]. 库切研究与后殖民文学国际学术研讨会文集，2010：213-223.

仇小屏. 文章章法论 [M]. 台北：台湾万卷楼图书有限公司，1998.

屈承熹. 汉语篇章语法 [M]. 潘文国等译. 北京：北京语言大学出版社，2006.

曲卫国. 人文学科的修辞转向和修辞学的批判性转向 [J]. 浙江大学学报，2008（1）：113-122.

热拉尔·热奈特. 叙事话语、新叙事话语 [M]. 王文融译. 北京：中国社会科学出版社，1990.

—— 热拉尔·热奈特文选 [C]. 史忠义译. 开封：河南大学出版社，2008.

尚必武. 叙事学研究的新发展—戴维·戴卫·赫尔曼访谈录 [J]. 外国文学，2009（5）：97-105.

—— 詹姆斯·费伦的修辞性叙事理论研究 [D]. 上海：上海交通大学，2009.

—— 尚必武. 非自然叙事学 [J]. 外国文学，2015（2）：95-111.

邵守义等著. 演讲学基础 [M]. 吉林大学出版社，1993.

申丹. 斯坦利·费什的"读者反应文体学" [J]. 山东外语教学，1988（3-4）：25-28.

—— 叙事学与小说文体学研究 [M]. 北京：北京大学出版社，2001.

—— 修辞学还是叙事学？经典还是后经典？——评西摩·查特曼的叙事修辞学 [J]. 外国文学，2002（2）：40-46.

—— 多维 进程 互动—评詹姆斯·费伦的后经典修辞性叙事理论 [J]. 国外文学，2002（2）：3-11.

—— 作者、文本与读者：评韦恩C.布斯的小说修辞理论 [J]. 英美文学研究论丛，2002（3）：16-25.

—— 双向暗恋背后的单向投射：曼斯菲尔德《心理》中的隐性叙事进程 [J]. 外国文学，2015（1）：27-39.

—— "整体细读"与深层意义——克莱恩"一个战争片段"的重新阐释 [J]. 外国文学研究，2007（2）：31-42.

—— 何为"隐含作者"[J]. 北京大学学报，2008（2）：136-145.

—— 再论隐含作者[J]. 江西社会科学，2009（2）：26-34.

申丹等. 英美小说叙事理论研究[M]. 北京：北京大学出版社，2005.

申丹，王丽亚. 西方叙事学：经典与后经典[M]. 北京：北京大学出版社，2010.

申丹. 何为叙事的"隐性进程"？如何发现这股叙事暗流？[J]. 外国文学研究，2013,05:47-53.

申丹. 叙事"隐性进程"对翻译提出了何种挑战？如何应对这种挑战？[J]. 外语研究，2015,01:57-63+112.

石群山. 演讲的叙事学分析[J]. 江西社会科学，2013（3）：33-37.

斯蒂芬·卢卡斯. 演讲的艺术[M]. 北京：外语教学与研究出版社，2007.

苏珊·S. 兰瑟著. 虚构的权威[M]. 黄必康译. 北京：北京大学出版社，2002.

孙汝建. 接受修辞学[J]. 外国语，1994（1）：40-43.

孙毅. 隐喻机制的劝谏性功能——一项基于"CCTV"杯英语演讲比赛演讲词的研究[D], 上海外国语大学博士论文，2009.

塔玛奇尔波等著. 叙事研究：阅读分析和诠释[M]. 王红艳译. 重庆大学出版社，2008.

唐伟胜. 修辞、认知与嵌入叙事[J]. 西南农业大学学报，2004（1）：73-74、78.

—— 伦理转向与修辞性的叙事伦理[J]. 外国文学研究，2007（3）：9-18.

—— 叙事层次：概念及其延伸[J]. 外国语文，2015,01:23-29.

谭善明. 论叙事修辞对叙事语法的超越[J]. 外国文学，2009（2）：81-90.

谭学纯，朱玲. 广义修辞学[M]. 合肥：安徽教育出版社，2001.

唐涤非主编. 演讲学简明教程[M]. 北京：首都经济贸易大学出版社，2007.

涂家金. 修辞的情境与情境的修辞[J]. 大连大学学报，2009（5）：79-82.

托多洛夫. 巴赫金、对话理论及其他[M]. 蒋子华、张萍译. 天津：百花文艺出版社，2001.

文池主编. 世界上最伟大的演说词[C]. 郑州：郑州大学出版社，2007.

王泰来等编译.叙事美学[M].重庆：重庆出版社，1987.

王希杰.汉语修辞学[M].北京：商务印书馆，2004.

王富仁主编.闻一多名作欣赏[C].北京：中国和平出版社，1994.

王曙.我国英语演讲研究十年：回眸与展望[J].长沙铁道学院学报（社会科学版），2014（3）：117-120.

韦恩·布思.小说修辞学[M].付礼军译.南宁：广西人民出版社，1987.

—— 修辞的复兴[M].穆雷等译.南京：译林出版社，2009.

维果茨基.思维与语言[M].李维译.杭州：浙江教育出版社，1997.

魏继东.篇章博喻论[D].上海：上海外国语大学，2006.

吴礼权，疏志强.中国修辞学史（下）[M].长春：吉林教育出版社，2007.

吴士文，唐松波.公共关系修辞学[M].沈阳：辽宁教育出版社，1989.

西塞罗.西塞罗全集·修辞学卷[M].王晓朝译.北京：人民出版社，2007.

辛斌.批评语言学：理论与运用[M].上海：上海外语教育出版社，2005.

徐永祥，贺善侃.现代西方思潮[M].上海：中国纺织大学出版社，1994.

徐翰林编译.最伟大的演说辞[C].北京：中国对外翻译出版公司，2005.

亚里士多德.诗学[M].罗念生译.北京：人民文学出版社，1982.

杨家勤.奥巴马就职讲辞的符号修辞模式[M].求索，2010（3）：81-82，163.

杨洁，邓志勇.叙事的修辞——Arnesen在海湾紧急峰会上演讲叙事修辞批评[J].阜阳师范学院学院（社科版），2013（2）：10-15.

杨世真.重估线性叙事的价值[M].杭州：浙江大学出版社，2007.

野村正树，胡晓丽，赵薇.说话的革命[M].北京：中央编译出版社，2004.

袁晖.二十世纪的汉语修辞学[M].太原：书海出版社，2000.

余友辉.西塞罗修辞性政治哲学研究[D].杭州：浙江大学，2005.

约瑟夫·吉鲍尔迪.MLA文体手册和学术出版指南[M].沈弘，何姝译.北京：北京大学出版社，2002.

云红.西方修辞论辩理论与应用研究[D].上海：上海外国语大学，2010.

詹姆斯·费伦等著.当代叙事理论指南[C].申丹等译.北京：北京大学出版社，

2007.

詹姆斯·费伦."伦理转向"与修辞叙事伦理 [J]. 唐伟胜译.《叙事》中国版，2010（2）：186-195.

张德禄，刘汝山. 语篇语篇与衔接理论的发展及应用 [M]. 上海：上海教育出版社，2003。

张志公. 修辞概要 [M]. 北京：中国青年出版社，1953.

张玉芳. 演讲话语象征互动性研究 [D]. 上海：上海外国语大学，2008.

赵炎秋. 共和国叙事理论发展六十年 [J]. 理论与创作，2009（4）：4-9.

赵一凡主编. 西方文论关键词 [C]. 北京：外语教学与研究出版社，2006.

郑文贞. 段落的组织 [M]. 福州：福建人民出版社，1985.

—— 篇章修辞学 [M]. 福建：厦门大学出版社，1991.

郑颐寿. 辞章学概论 [M]. 福建教育出版社，1986.

郑子瑜. 中国修辞学史稿 [M]. 上海：上海教育出版社，1984.

周振甫. 通俗修辞讲话 [M]. 北京：通俗读物出版社，1956.

—— 中国修辞学史 [M]. 北京：商务印书馆，1991.

朱春发. 奥巴马演讲中的叙事之分析 [J]. 牡丹江大学学报，2010（3）：54-56.

朱永生，郑立信等著. 英汉语篇衔接手段对比研究 [M]. 上海：上海外语教育出版社，2001.

宗廷虎，吴礼权. 二十世纪中国修辞学 [M]. 北京：中国人民大学出版社，2008.

宗廷虎，李金苓等著. 中国修辞史 [M]. 长春：吉林教育出版社，2007.

祖国颂主编. 叙事学的中国之路 [C]. 北京：中国社会科学出版社，2006.

《演讲学》编写组编写. 演讲学 [M]. 郑州：河南人民出版社，1988.

后　　记

　　本作品基于本人上海外国语大学博士毕业论文《英语演讲修辞性叙事研究》，在写博士论文初期仅从演讲叙事自身出发去思考其选材、篇章、功能和实效等。然而近几年的后续性研读和思考，我发现演讲叙事上述特点皆源自于其所处的语篇互文性语境。为了服务于互文性上位语篇主旨，演讲叙事需要选择特定事件；考虑到演讲语篇的时限性，演讲叙事语篇必须简洁；为提高演讲劝说的效果，演讲叙事时常不得不削足适履。故此，本著现命名为"语篇互文视角下的演讲修辞性叙事研究"。

　　笔者也借本著出版之际，感谢那些对本著贡献的人。著作的选题、构思和定型等皆积淀着多方人士的关怀、帮助和教导。回头看去，一幕幕甘苦瞬间如在昨日，股股感激之情激荡胸间。

　　首先要感谢我尊敬的博士生导师，上海外国语大学胡曙中先生。将近不惑之年，先生给予我机会，引领我见识了学术界又一道亮丽的风景。当年，我心怀谦卑试探性地向先生表明我要考他博士，先生的热情回答激励了我，让本来自卑的我找到了潜心问学的信心。此后数年，先生渊博的学识和坦诚热情的引导，使我得以大步行走在这条曲折的学径上。先生不仅教导我如何潜心做学问，指导论文写作，还在生活上关心帮助我们，在为人处世方面教育开导我。先生不停地叮嘱我们做学问"一定要有自己的理论创新"，"不要鹦鹉学舌，人云亦云，不能仅满足于替别人贴金"。先生的教导给我很大启发，为懵懂的我开启了一扇窥探学术殿堂的窗户，这不仅让我受用终生，我今后的学生也必将从中受益匪浅。先生是性情中人，会为我们的小小进步而高兴，也会为我们的愚钝而发愁。发现我有进步时，他会毫不吝啬鼓励和赞誉之词；当发现问题时，也会严加指正。至今依然记得在准备博士论文选题时，先生对我进行了几年来最为严厉的批评。忠言虽逆耳但利于行，正是那次严厉的指正促使我静下心来博览群书，为我后来的学业发展奠定了一定基础。毕业数年了，先生依然通过邮件、电话甚或微信和我们进行交流，为我们的科研、工作和生活把脉。

本作品的完成，要感谢所有为我上过课的上海外国语大学的老师：张健、俞东明、梅德明、冯庆华、束定芳、许余龙、乔国强和史志康等教授，是他们给予了我各方面的启迪和各门类知识的补充。此外，还要感谢我的好友们。我硕士同学沈小仙总是我文章的第一读者和指导者。无论大小文章，每每总是先让小仙评点修正后才敢给导师看。有些事实上还是不成体系的草稿，但小仙从来都不嫌弃，都和我认真讨论。对于我的反驳她也从来不计较。曹道根同学在学术方面也不断给予我帮助，以自身经历启发我。同窗好友薛婷婷、涂家金和叶枫在我最困难的时候总是极力支持和帮助我。多年来我们相互鼓励、资料共享、苦乐同受，曾在上海外国语大学的校园里推心置腹地谈笑，实属难得，万幸之事。这些友爱一直温暖着我、赋予我灵感，为我的求学生涯添色，留下了美好回忆。

还要感谢合肥师范学院科研处的领导老师及外国语学校领导和同仁不断给予的鼓励支持。最后感谢家人对我的支持。为了我的学业，女儿崔韵琪承受了许多她的年龄所无法理解的离别之痛。每次离别前总是变得固执，并设法刻意挽留。得知妈妈已经偷偷离开时，便扳着指头倒计数着妈妈的归期，一遍遍地重复着问，"妈妈何时能不再走"；也会长时间纠缠于"妈妈的老师为什么布置那么多作业"和"妈妈这么大了，为什么还要上学"等问题之中。